AQA NELSON
SKILLS FOR GCSE

PAR ÉCRIT

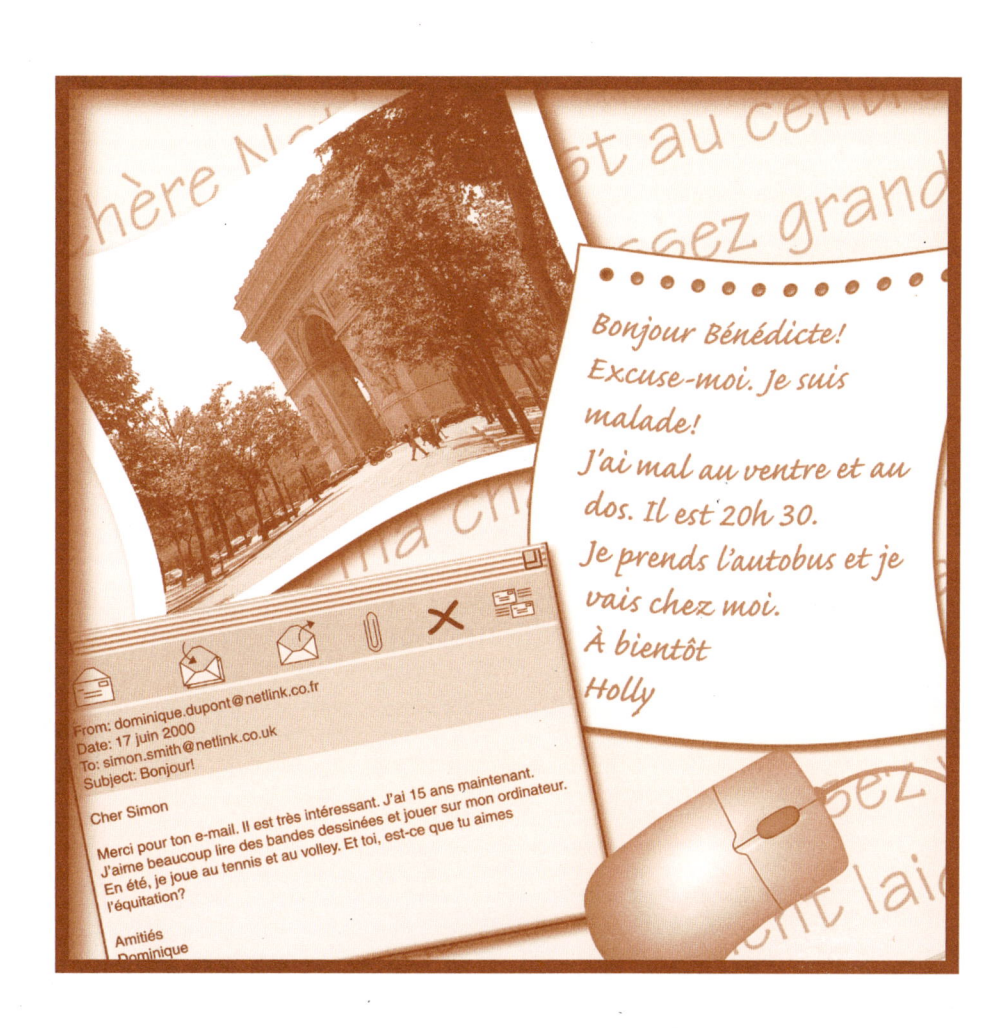

ALAN SEATON
AND ALAN WESSON

Nelson

Thomas Nelson & Sons Ltd
Nelson House
Mayfield Road
Walton-on-Thames
Surrey KT12 5PL
United Kingdom

© Alan Seaton and Alan Wesson 1999

The right of Alan Seaton and Alan Wesson to be identified as the authors of this work has been asserted by them in accordance with the Copyright, Design and Patents Act 1988

First published by Thomas Nelson and Sons Ltd 1999

ISBN 0-17-440181-7
NPN 9 8 7 6 5 4 3 2 1
03 02 01 00 99

All rights reserved. No part of this publication may be reproduced, copied or transmitted in any form or by any means, electronic or mechanical, including photocopy, recording, or any information storage and retrieval system, without permission in writing from the Copyright Licensing Authority Ltd,
90 Tottenham Court Road, London W1P 9HE

Printed in Spain by Grafo

Acknowledgements
Commissioning and development: Clive Bell
Editorial: Carolyn Parsons
Language consultants: Sylviane Rappeneau, Valérie Montanier and Philippe Bourgeois, Jean-Claude Lalumière
Cover Design: Eleanor Fisher
Design: Goodfellow & Egan Publishing Management Ltd
Illustrations: Gary Andrews and Phillip Burrows
Production: Gina Mance

AQA (NEAB) Consultant on this title: Geoff Shooter, Principal Examiner for French speaking and writing

Contents

Introduction – 4
Useful phrases – 6

1 Everyday activities
Area of Experience A – 10

Foundation Tier

1. School timetable – 10
2. School visit – 10
3. School uniform – 11
4. My school – 11
5. Favourite food – 12
6. A healthy lifestyle – 12
7. Where does it hurt? – 13
8. An excuse – 13
9. Furniture and furnishings – 14
10. Your house – 14
11. Media survey – 15
12. About myself – 15

Overlap
(Foundation/Higher Tier)

13. School in England – 16
14. Get well soon – 17
15. Moving house – 18

Higher Tier

16. School questionnaire – 19
17. A school day – 20
18. Problem page – 21

2 Personal and social life
Area of Experience B – 22

Foundation Tier

1. Family tree – 22
2. Christmas presents – 22
3. Penfriend registration – 23
4. For sale – 24
5. Pets – 24
6. A new pet – 25
7. Hobbies – 26
8. About yourself – 26
9. Diary – 27
10. Plans for the day – 28
11. Helping at home 1 – 28
12. Helping at home 2 – 29

Overlap
(Foundation/Higher Tier)

13. Introducing yourself – 30
14. Sad news – 31
15. A telephone message – 32

Higher Tier

16. A famous person – 33
17. How things used to be – 34
18. French trains – 35

3 The world around us
Area of Experience C – 36

Foundation Tier

1. In town – 36
2. Visitor information – 37
3. Weather – 38
4. Party time – 38
5. Street signs – 39
6. Directions – 39
7. Department store – 40
8. Winter sales – 40
9. Shopping lists – 41
10. Message – 41
11. Transport – 42
12. Crossing town – 42

Overlap
(Foundation/Higher Tier)

13. A new house – 43
14. Invitation – 44
15. Visiting Belgium – 45
16. Left behind – 46

Higher Tier

17. Town and country – 47
18. Accident report – 48
19. Festival time – 49

4 The world of work
Area of Experience D – 50

Foundation Tier

1. Job ads – 50
2. Kinds of work – 50
3. Job application – 51
4. Future plans – 51

Overlap
(Foundation/Higher Tier)

5. School and future – 52
6. Summer job – 53

Higher Tier

7. Restaurant work – 54
8. What's my line? – 55

5 The international world
Area of Experience E – 56

Foundation Tier

1. Countries – 56
2. Advertising poster – 56
3. Holiday snaps – 57
4. Holiday postcards – 57
5. Packing – 58
6. Lost property – 58
7. On holiday – 59
8. In a youth hostel – 59

Overlap
(Foundation/Higher Tier)

9. Favourite recipes – 60
10. Hotel reservation – 61
11. Reservation by e-mail – 62
12. Europe quiz – 63

Higher Tier

13. Asking for information – 64
14. What a disaster! – 65
15. A stay in a hotel – 66

Vocabulary by topic – 68
English–French wordlist – 75

Introduction

1 About the Writing Test
- This book is designed to help you to do the best you can in the writing part of your GCSE exam.
- The Writing Test is worth 25% of your total exam mark.
- Whether you are entered for Foundation or Higher Tier, the number of words you write is not important, provided you complete the tasks set.

2 About this book
- Each unit deals with one of the Areas of Experience (A–E) as listed in your syllabus.
- The tasks practised are similar to the ones you will be asked to do in your exam. Mostly these are short lists, postcards, letters, posters, articles etc. Occasionally, however, you will find new tasks (faxes, e-mails, information leaflets etc.) to add variety.
- If you are entered for Foundation Tier, you will need to practise the tasks under the headings Foundation Tier and Overlap (Foundation/Higher Tier).
The Foundation Tier Writing Test lasts 40 minutes.
- If you are entered for Higher Tier, you will need to concentrate on the tasks under the headings Overlap (Foundation/Higher Tier) and Higher Tier.
The Higher Tier Writing Test lasts 60 minutes.

3 How to use this book
Each unit follows a recognizable pattern:
- information about the topics covered in each Area of Experience.
- an example ▶ in which a sample question is worked out with **Tips** on what to look out for, and when necessary a CHECKLIST suggesting how to approach each task and improve the overall outcome.
- one or more tasks ✏, designed to offer you the chance to practise similar tasks to the one in the example, and appropriate to each of the tiers (Foundation, Overlap and Higher).
- at the bottom of each page there is a box entitled AIDE which gives you help in constructing useful phrases for the tasks set. Where you see the symbol ▷, this is a reference to the vocabulary by topic or useful phrases.

Vocabulary by topic
Vocabulary is listed by topic on pages 68–74. Here the vocabulary is not listed alphabetically, but in small groups of words of a similar kind. Make a habit of copying a few at a time into your vocabulary book and learning them.

English–French wordlist
If you are working on one of the tasks and don't know how to say something in French, there is an alphabetical list of words from English–French on pages 75–79.

Useful phrases
On pages 6–9 you will find useful phrases to help you do the following:
- write openings and endings for letters, postcards, faxes, e-mails
- send greetings and apologies
- make invitations and suggestions
- send regrets and acceptances
- make requests
- add enclosures
- give opinions
- make complaints

4 How to prepare for the exam
- Make sure that you know which elements of the exam you have been entered for.
- Practise the writing tasks appropriate to your level from each unit of the book. But remember that in the exam, the tasks you will have to do may include topics from more than one of the five different Areas of Experience.
- Collect vocabulary as you do each task in a notebook. Write down words which are useful and important to you. This way you will soon end up with a personalised vocabulary – much easier to remember!
- The examples ▶ are to give you an idea of what to aim for in each task, and to present a variety of structures and vocabulary in French. The best thing is to use them as skeletons onto which you can hang your own ideas, experiences and opinions. The more personal you make your piece of writing, the easier it will be to learn from what you have written.

5 A checklist for the exam

Finally, when you see the exam paper in front of you, take a moment before you start to write to ask yourself a few simple questions. That way you will be clear about what you have to do.

- What sort of task have I been asked to write?

    — a list?
    — a postcard?
    — an advertisement?
    — a poster?
    — a leaflet?
    — a questionnaire?
    — a letter?
    — a report?
    — an article?
    — a dialogue?
    — a plot for a soap opera?

- Do I have to use

    — single words?
    — short phrases?
    — longer sentences?

- Who am I writing to?

    — a friend?
    — an adult?
    — a complete stranger?
    — more than one person?

- What topic areas will I cover?

- Do I have to …

    — refer to past, present or future events?
    — provide information?
    — ask for information?
    — give my opinions?
    — give reasons?
    — make suggestions?

Quick reference guide

Area of Experience	Which topic area do you want to practise?
Foundation / **Overlap** / **Higher**	Which level is right for you?
▶	worked example
✎	practice task similar to the example
Tips	points to look out for
CHECKLIST	how to approach each task
AIDE	help in constructing useful phrases
▷ p6	reference to the useful phrases at the front of the book
▷ A1	reference to the vocabulary by topic at the back of the book

Introduction 5

Useful phrases

Letters, postcards, e-mails and faxes

Conventions for addressing and setting out forms of written communication still vary widely, especially where many people are still adapting to new technology such as fax and e-mail. But essentially you have to decide whether what you are writing is informal (e.g. to friends, relatives, parents of your pen-friend) or formal (e.g. to a hotel manager, camp-site owner, headmaster of a school).

Informal

Newcastle-upon-Tyne, le 15 avril

Salut Jean-Claude,

- use *tu, te, ton, ta, tes, toi*, etc.

Londres, le 21 novembre

Chère Marianne, Cher Georges,

- use plural *vous, votre, vos*, etc.

Cardiff, le 28 décembre

Chère Madam Bordon,

- use singular *vous, votre, vos*, etc.

Formal

To: Camping Municipal
Phone: ++33 04 79 59 34 54
Fax: ++33 04 79 59 12 12
From: Simon Baker
Phone: ++44 191 281 5309
Fax: ++44 191 281 5309
Date: lundi 5 mai 1999

Monsieur,

- use singular *vous, votre, vos*, etc.

From: mac-jon@aol.com
Date: 15 April
To: intersport.karellis@wanadoo.fr
Subject: poste vacant

Monsieur/Madam,

- use singular *vous, votre, vos*, etc.

Lincoln, le 12 mars

Monsieur le Directeur,

- use use singular *vous, votre, vos*, etc.

Starting letters, faxes or e-mail (informal)

| J'étais très content(e) de | recevoir ta gentille lettre. te parler au téléphone hier. | Comment vas-tu? |

| Je suis très | heureux / heureuse | d'avoir | un nouveau correspondant / une nouvelle correspondante | en France. en Belgique. |

| Je m'excuse de ne pas avoir écrit plus tôt. |

| Mon / Ma | prof de français m'a donné | ton addresse. tes coordonnées. | J'espère que | tu vas ton père va | mieux maintenant. |

6 Useful phrases

Starting letters, faxes or e-mail (formal)

Merci beaucoup pour	ta lettre,	que j'ai reçu(e)ce matin.
Je te remercie de	votre carte,	du 15 janvier.
Je vous remercie de	ton fax	
	votre courrier électronique	

| Ces quelques lignes pour | te / vous | remercier pour … | Suite à notre conversation téléphonique | du 4 juin … |
| | | | En réponse à votre lettre | |

Greetings and farewells

Félicitations!
Joyeux anniversaire!
Joyeuses Pâques!
Joyeuses fêtes!
Bonne année!
Meilleurs voeux!
Bon voyage!
Bon courage!
Bonne chance!
Bonne rentrée!
Amuse-toi bien!

Apologies

Je suis désolé(e)	de ne pas avoir écrit depuis si longtemps.
Je m'excuse	de ne pas être venu(e) cet été.
Excuse-moi	
Excusez-moi	
Je vous prie de bien vouloir m'excuser	

Invitations and suggestions

Veux-tu	passer les vacances de Pâques	chez nous?	Pour le week-end,	ça va?
Voulez-vous		faire un tour en vélo?	Vendredi,	
			Pour Pâques,	

| Est-ce que | tu aurais / vous auriez | envie de | visiter Leeds? |
| | | | passer quelques jours en Irlande? |

Tu pourrais	prendre le ferry.	Si on	allait à Londres,	ça	te / vous	dit?
On pourrait	faire du camping.		prenait l'autocar en Ecosse,			
Nous pourrions						

Regrets and acceptance

| Je suis vraiment désolé(e), Je regrette, | mais je ne pourrai pas venir samedi. |

Désolé(e) de n'avoir pu téléphoner ce week-end, mais …

C'est dommage que …
C'est bien triste que …

J'aimerais beaucoup venir passer	le mois d'août	chez toi.
	deux semaines	chez vous.
	quelques jours	avec ta famille.

Requests (informal)

Pourriez-vous …?
Pourrais-tu …?
Voulez-vous …?
Veux-tu …?
Dis-moi …
Raconte-moi …
Ecris-moi …
Décris-moi …

Requests (formal)

| Je vous serais | reconnaissant(e) obligé(e) | de bien vouloir | m'envoyer … m'adresser … |

| Je vous prie de bien vouloir Veuillez | m'adresser … m'envoyer … |

Complaints

| J'ai le regret de vous informer que | votre hôtel ne répondait pas du tout à notre attente. |
| Je me vois dans l'obligation de vous informer que | je n'étais pas du tout satisfait(e) de mon séjour dans votre camping. |

J'espère que vous ne tarderez pas à nous rembourser une partie du prix de notre séjour.
Je me verrai dans l'obligation de m'adresser à un avocat.

Enclosures

| Je vous prie de bien vouloir trouver ci-joint Vous trouverez ci-joint | un coupon-réponse international. un chèque de 150FF, en règlement de … une enveloppe pour la réponse. |

Endings (informal)

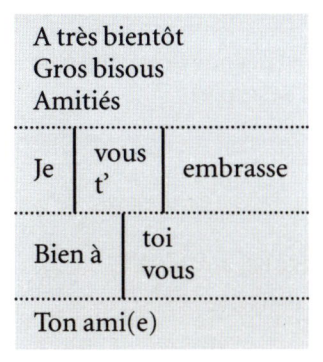

A très bientôt
Gros bisous
Amitiés

| Je | vous t' | embrasse |

| Bien à | toi vous |

Ton ami(e)

Endings (formal)

J'espère que vous pourrez donner suite favorable à ma demande et …
Avec mes remerciements pour votre obligeance, …

| Veuillez agréer Je vous prie d'agréer, | Madame, Monsieur, | mes sincères salutations. l'assurance de mes sentiments distingués. |

En vous remerciant d'avance de l'attention que vous porterez à notre lettre, je vous fais part, Madame la Directrice, de l'assurance de mes respectueuses salutations.

| Espérant une réponse favorable et rapide, je vous prie, | cher Monsieur, chère Madame, | d'agréer à l'assurance de mes sincères salutations. |

Respectueusement vôtre
Sincèrement vôtre
Bien à vous

1 Everyday activities

Area of Experience A   The topics covered in this unit are:

- School
- Home life
- Media
- Health and fitness
- Food

1 School timetable

▶ Your penfriend has asked which subjects you like. In French add two subjects to the list of ones you like and two to the list of ones you don't like.

✓	✗
l'anglais	les maths
le français	l'informatique
l'allemand	le sport

CHECKLIST

- ✓ Write four items.
- ✓ Write in French.
- ✓ Write the names of school subjects.

Tips

- Don't use subjects already given.
- Be careful to check spellings when both languages have similar words. ▷ A1
- Don't use abbreviations which do not exist in French (e.g. PE, CDT or RS).
- It is safer to write each subject out in full. Remember, you want to write something which a French person will understand easily.

✎ Now you complete the list with four different subjects.

2 School visit

▶ A French official is making a surprise visit to your school. Make an information sheet about your language studies for him/her.

Donnez ces renseignements. Ecrivez chaque fois une phrase en français:

- *Comment s'appelle votre prof de français?*
- *Vous êtes en quelle classe?*
- *Il y a combien d'élèves dans votre classe de français?*
- *Les cours commencent à quelle heure?*
- *Comment trouvez-vous le français?*
- *Quelle est votre matière préférée?*

CHECKLIST

- ✓ Write six pieces of information (in your exam, the first one will be done for you, as an example).
- ✓ Write in French.
- ✓ Write in short sentences.

Le français

Mon ❶ prof s'appelle Madame Auriol. Je suis en troisième. ❷ Il y a 30 ❸ élèves dans ma classe. Les cours commencent à 9 h. ❹ Je trouve le français génial. ❺ Ma matière préférée, ❻ c'est les sciences.

Tips

❶ Use *mon/ma/mes* or *notre/nos* to make your work more personal.
❷ Remember the numbers of school years are different in France. Year 10 is *troisième*, Year 11 is *seconde*.
❸ Spelling high numbers in French can be tricky. Just write the number as a figure.
❹ Use the French given in the question as much as possible. When giving a time, just write the number of the hour, plus *h* for *heures* (e.g. 9 h). If you want to show minutes, write these after the *h* (e.g. 8 h 30 = 8.30)
❺ Give an opinion or make a comparison. ▷ B8
❻ Mention your favourite subject. Remember, some subjects are **masculine** (*le français*), some are **feminine** (*la géographie*) and some are **plural** (*les maths*). Subjects which start with a vowel or *h*, have *l'* in front of them (*l'histoire, l'informatique*).

✎ Now you design an information sheet, giving similar information of your own.

AIDE

Mon Ma Notre	prof s'appelle Monsieur/Madame ...

Foundation Tier

| Je suis en | seconde.
troisième. | ▷ A2 |

| Le français est | plus
moins
aussi | intéressant
important
utile | que | la musique.
l'allemand.
les maths. | ▷ A1 |

| Je trouve le français | super.
difficile.
ennuyeux. | ▷ B8 |

| Ma matière préférée, c'est | les sciences.
l'anglais. | ▷ A1 |

---

3 School uniform

A Your French friend has asked what you think about school uniform. Add four items of school uniform to the lists below, to show whether you like wearing them or not.

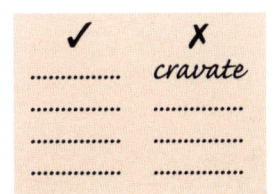

✓	✗
....	cravate
....	....
....	....
....	....

Tips
- You don't have to describe the colour or other details: just one word will do.
- Some items of clothing are plural (e.g. socks, shoes). ▷ A3

B Make up some other lists of words to do with school and school life, e.g. four things you might find in the classroom or in your schoolbag. Use the vocabulary section or a dictionary to help.

4 My school

▶ You have been asked to design a poster about your school.

Donnez ces renseignements. Ecrivez chaque fois une phrase en français:
- *Comment s'appelle votre collège?*
- *Où se trouve votre collège?*
- *Il y a combien d'élèves à votre collège?*
- *Quels sports peut-on faire?*
- *Votre uniforme scolaire est de quelle couleur?*
- *Aimez-vous votre uniforme scolaire?*

Mon collège
Mon collège s'appelle Eastmoor High School. Mon collège se trouve dans le sud ❶ *de l'Angleterre. Il y a* ❷ *environ* ❸ *1500 élèves. On peut jouer au football.* ❹ *Notre uniforme est vert.* ❺ *Je déteste l'uniforme.* ❻

Tips
❶ You could say in which part of the country or where in the town the school is.
❷ You could give the number of pupils (*il y a ...* or just say roughly how big (*très grand, assez petit*).
❸ *Environ* means 'approximately'.
❹ Just one sport will do. Don't forget to use an appropriate **verb** (e.g. *jouer* or *faire*).
❺ Keep it short: one colour will do. If you don't have a school uniform, use *Aide!* below to help you say this.
❻ Give an opinion. ▷ B8

▶ Now you design a poster giving the required information about your school.

AIDE

Mon collège s'appelle ...

| Mon collège se trouve | au sud de l'Angleterre.
près d'Exeter.
au centre-ville.
en banlieue. | ▷ A4 |

| On peut jouer | au football.
au hockey.
au tennis. | ▷ B11 |

| Mon
Notre | uniforme est | noir.
bleu.
vert. | ▷ B7 |
| On n'a pas d'uniforme scolaire. |

| J'aime
Je déteste | la cravate.
l'uniforme. | ▷ A3 |

| Je trouve la veste moche. | ▷ B8 |

unit one 11

Foundation Tier

5 Favourite food

▶ A French magazine competition asks you to list your ideal meal. Add four more items in French to this list.

> **Des prix fantastiques!**
> **100.000F à gagner!**
>
> Des ❶ croissants   Du beurre
> De la confiture   Du pain
> Du miel   ....
> ....
> ....

CHECKLIST
- ✓ Write four items in French.
- ✓ They must be things to eat, NOT drink.
- ✓ Spelling must be correct.

Tips
- Your meal can be English or French – or whatever is your favourite!
- It doesn't have to be breakfast!
- For lists of things to eat and drink ▷ A8–12
- ❶ You don't have to put *du*, *de la*, etc. but it is better style (remember – *de + le = du*; *de + les = des*).

A Now you complete the list to score full marks with four different things. Try to use words which would be clear to a French person who spoke no English.

B You are going on a picnic with some French friends. Write a list of four things to buy for the picnic.

> Du chocolat
> _____
> _____
> _____
> _____
> _____

C Try making more specific lists of things to eat and drink, e.g. things you could give to a vegetarian, things that are cheap, things you'd never eat, food you would give to a guest you really hated. Use the vocabulary section or a dictionary to help you.

6 A healthy lifestyle

▶ Here is a poster of things French teenagers can do to improve their health.

> Se brosser les dents le soir
> Manger des légumes
> Boire du jus d'orange
> Ne pas manger beaucoup de chocolat
> Faire de la natation
> Aller au collège en vélo

Regardez les illustrations et complétez ce poster pour la bonne santé.

Se brosser les dents le matin

Tips
- Use the language in the poster as much as possible: just change the details.
- Write short sentences, not just one or two words.
- In lists like this the **verbs** are in the **infinitive** (the form you find in a dictionary or verb list, and which usually ends in *-er*, *-re* or *-ir*).

Now write the text for the poster.

Everyday activities

Foundation Tier

7 Where does it hurt?

Imagine you had to explain to someone in French which part of you was hurting. See if you can give the French for the following parts of the body. ▷ A16

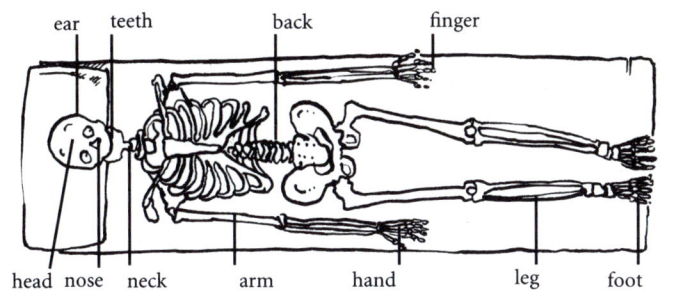

Labels on skeleton: ear, teeth, back, finger, head, nose, neck, arm, hand, leg, foot

8 An excuse

You go to a disco and a boy/girl you don't like asks you out. While s/he isn't around you decide to go home. Leave a note for him/her saying that you are ill.

Regardez les illustrations et complétez ce message pour votre ami(e):

Picture captions:
- Excuse-moi. Je suis malade!
- Qu'est-ce qui ne va pas?
- Quelle heure est-il?
- Où allez-vous et comment?

Bénédicte,

Désolée, je suis malade! ❶ J'ai mal ❷ au ventre et au dos.
Il est ❸ 20 h 30. Je prends ❹ l'autobus et je rentre chez moi. ❺

À bientôt

Holly

Tips

❶ You could say *je ne me sens pas bien*.
❷ In French you usually use the verb *avoir* when talking about what is wrong with you (*j'ai mal au/à la/à l'/aux …*).

❸ Use *il est* + 24-hour clock, NOT 'a.m.' or 'p.m.' Look carefully at how the French write '8.30'.
❹ Use *prendre* + means of transport, or *je vais … à pied* (on foot).
❺ Keep it simple! Don't give more details than you are asked for.

Write a similar message for your exchange partner using these pictures.

AIDE

| Je vais très mal. Je suis malade. Ça ne va pas. | | J'ai mal | au ventre. à la tête. aux yeux. | ▷ A14 |

| Il est | 20 heures. 20 h 30. |

| Je dois | rentrer chez moi. |
| | aller | à l'hôpital. chez le médecin. |

| Je | prends | l'autobus. mon vélo. |
| | vais à pied. |

unit one 13

Foundation Tier

9 Furniture and furnishings

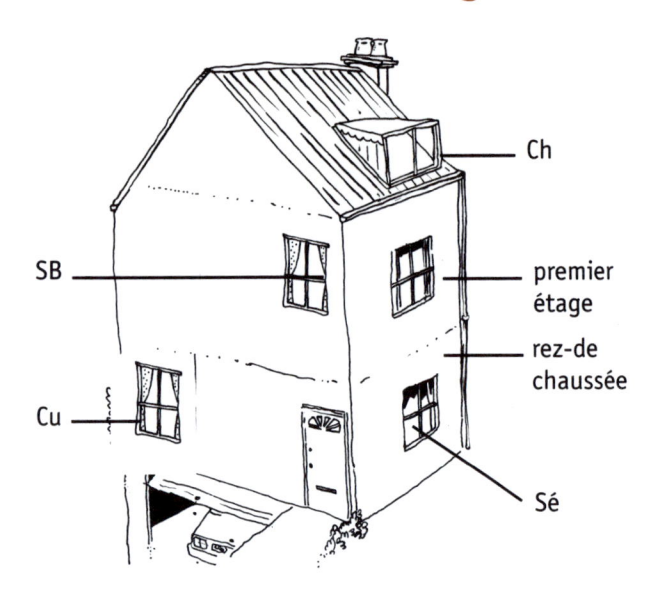

Labels on house diagram:
- Ch — (chimney area label)
- SB
- Cu
- premier étage
- rez-de-chaussée
- Sé

Appartement
2Ch – deux chambres
SM – salle à manger
Sé – séjour
Cu – cuisine
SB – salle de bains

A List at least three items of furniture for each room in the house. ▷ A5

Exemple:

Chambre:	lit, armoire ...
Cuisine ...	
Séjour ...	

B You are sending details of a gîte or holiday home to your penfriend. List all the house's features – it's a really nice house in the French countryside, and has lots of rooms and lots of interesting features.

10 Your house

▶ A friend from France is coming to stay with you and asks you in a letter what your house is like. Send them some details of it.

Donnez ces renseignements. Ecrivez chaque fois une phrase en français:
- *Où se trouve votre maison?*
- *Donnez une description de votre maison.*
- *Qu'est-ce qu'il y a dans votre chambre? (Donnez trois détails.)*
- *Où se trouve votre chambre?*
- *Aimez-vous votre maison?*
- *Aimez-vous votre chambre?*

Chère Nathalie
Notre maison est au centre ville. ❶
La maison est assez grande. Il y a quatre chambres. ❷
Dans ma chambre, il y a un lit et un ordinateur.
Ma chambre est bleue. ❸
Ma chambre se trouve au premier étage. ❹
Je n'aime pas la maison – elle est trop moderne. ❺
J'aime bien ma chambre – elle est grande. ❻

Tips
❶ You could say what part of the town or village the house is in or what is nearby.
❷ You could say how many bedrooms the house has (*quatre chambres*) or just give an idea of its size (*assez grande*) – or both.
❸ A short description involving perhaps colours, contents, size, character or position.
❹ Just say which floor of the house the room is on.
❺ Give your opinion of the house. You could give a simple reason, using an **adjective** and words like *assez, vraiment, très, trop*, etc.
❻ Give an opinion of your bedroom. You could also give a reason, if you like.

▶ Now you write similar information about your own home.

AIDE

Notre maison L'appartement	se trouve	au centre-ville. à la campagne. dans la rue principale.

▷ A4

Ma chambre Notre maison	est	de taille moyenne. assez / vraiment	grande. confortable.

▷ B8

Dans ma chambre, il y a	un lit et une armoire. un ordinateur.

▷ A5

Ma chambre se trouve	au rez-de-chaussée. au premier étage. au deuxième étage.

▷ A4

Everyday activities

Foundation Tier

11 Media survey

A Your French friend sends you a magazine article about leisure activities in the 1950s and nowadays. Look at the pie charts and list any four activities and percentages from the <u>second</u> chart (L'an 2000), in French.

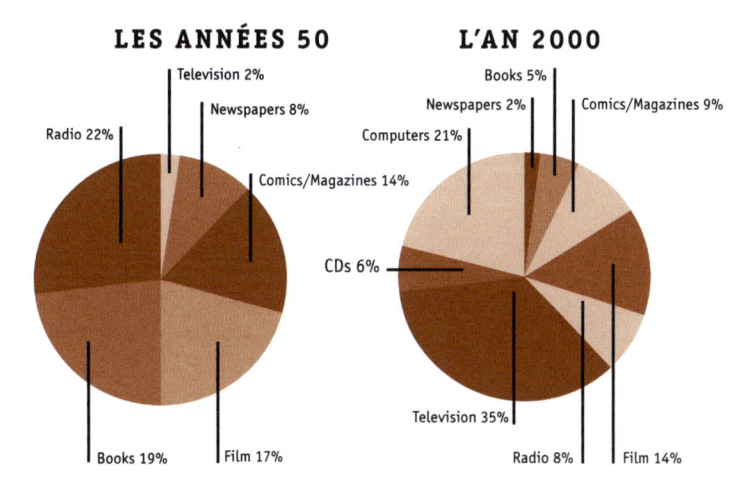

LES ANNÉES 50
- Television 2%
- Newspapers 8%
- Radio 22%
- Comics/Magazines 14%
- CDs 6%
- Books 19%
- Film 17%

L'AN 2000
- Books 5%
- Newspapers 2%
- Comics/Magazines 9%
- Computers 21%
- Television 35%
- Radio 8%
- Film 14%

Exemple : Radio 8%

B Your penfriend has asked you what you think of British TV, and to give him/her some programme types with examples. Give two programme types that you really like and two that you really hate, and give an example programme name for each category. ▷ B15

Exemple:

✓	✗
	Feuilleton – Neighbours

12 About myself

▶ You have received an e-mail from a French friend. Draft an e-mail back to him/her.

Donnez ces renseignements. Ecrivez chaque fois une phrase en français.
- Où habitez-vous?
- Quel âge avez-vous?
- Quelle est la date de votre anniversaire?
- Quels sont vos passe-temps?
- Quels sports faites-vous?

Posez-lui
- une question sur ses passe-temps.

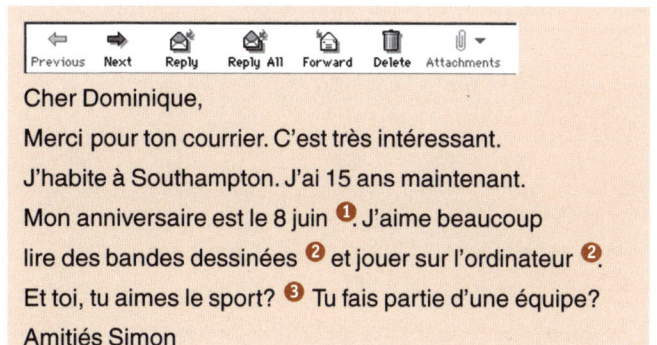

Cher Dominique,
Merci pour ton courrier. C'est très intéressant.
J'habite à Southampton. J'ai 15 ans maintenant.
Mon anniversaire est le 8 juin ❶. J'aime beaucoup lire des bandes dessinées ❷ et jouer sur l'ordinateur ❷.
Et toi, tu aimes le sport? ❸ Tu fais partie d'une équipe?
Amitiés Simon

Tips

❶ When you give your birthday (or any date) in French, just say *le* plus a number and the month. 'The first' is *le premier*.
❷ Pick any two hobbies here – perhaps an outdoor one and an indoor one. Use *aimer* with the infinitive of the verbs you want.
❸ Ask a question about hobbies. You could use *et toi?*

▶ Now you write an e-mail with information about yourself.

AIDE

Je lis des bandes dessinés.
J'écoute des CD.
Je regarde la télé. ▷ B12

En hiver	j'aime jouer	à l'ordinateur.
Le soir		au tennis.
Tous les samedis		volley. ▷ B11–13

Qu'est-ce que tu aimes comme	sports?
	passe-temps?

Est-ce que	tu aimes la natation?
	tu fais partie d'une équipe?

unit one 15

Overlap (Foundation/Higher Tier)

13 School in England

▶ *Vous trouvez sur Internet un sondage français sur l'éducation en Angleterre.*

Ecrivez une réponse en français.
- *Donnez une description de votre collège.*

Répondez à ces questions:
- *Où se trouve votre collège exactement?*
- *Comment allez-vous au collège?*
- *Qu'est-ce vous pensez des matières que vous faites? Pourquoi?*
- *Qu'est-ce que vous avez fait cette semaine dans les cours de français?*
- *Qu'est-ce que vous allez faire au collège demain?*

Posez:
- *une question sur la journée scolaire en France.*

Je m'appelle Emma Munnings. Mon collège est très grand et assez moderne ❶. Il y a environ 1500 élèves. Le collège se trouve près de la ville de Newton Abbot ❷ à trois kilomètres de ma maison. D'habitude ❸, je prends l'autobus pour y aller. Mes matières préférées sont l'anglais et l'allemand, parce que ❹ les profs sont sympas. Je déteste les maths et les sciences – je les trouve trop difficiles. Hier, dans notre cour de français, nous avons travaillé ❺ à l'ordinateur. Demain j'ai anglais, géographie et dessin. Et toi, tu aimes l'école? ❻ La journée scolaire finit à quelle heure en France?
A bientôt,
Emma

Tips

❶ Say what type of school you go to and perhaps add a detail about size, buildings, pupils etc.
❷ Where in the town? What is nearby? How far from the town centre/your house? etc.
❸ Give one way of getting to school and use *quelquefois, d'habitude*, etc. to make a more interesting sentence.
❹ Develop your answer by giving reasons using *parce que …*
❺ To get full marks you will need to use the **perfect tense** here.
❻ You could ask when the school day starts or finishes, or how long it lasts – *dure combien d'heures?*

✎ Now you write your own reply to the survey, using the example as a model for your own thoughts and opinions.

AIDE

Mon collège est Mon lycée se trouve	au centre-ville. à deux kilomètres de ma maison. à côté d'une église.	▷ A4

Le collège est	grand. vieux.	Il y a	environ 1000 élèves. un gymnase. 40 professeurs.	
				▷ A1

D'habitude, (Presque) tous les jours, En été	j'y vais	à pied. en vélo.	
	je prends l'autobus.		▷ C3

Hier,	nous avons	travaillé	à deux. en groupes.
		écouté une cassette.	

Demain	j'ai dessin et maths. je vais faire un match de tennis.

La journée scolaire en France	commence finit	à quelle heure?
	dure combien d'heures?	

Everyday activities

Overlap (Foundation/Higher Tier)

14 Get well soon

Chère Florence,

Merci de ta carte. C'est très gentil. Ça va mieux aujourd'hui ❶, mais j'ai toujours mal à la tête. Je suis tombé ❷ de mon vélo et je me suis cassé le bras ❸. L'accident s'est produit il y a une semaine ❹ Il pleuvait ❺ et je suis rentré dans un camion. Je dois rester encore deux jours ❻ à l'hôpital.

Amitiés

Nigel

Tips

❶ Here's how to say 'I feel better today'.
❷ Use the **perfect tense** to say what happened to you.
❸ Look carefully at the French for 'I broke my arm'.
❹ You could use *il y a* (ago) or simply *lundi* (on Monday) or *hier* (yesterday).
❺ Use the **imperfect tense** to describe what the weather was like or what you were doing.
❻ 'Two more days' is *encore deux jours* in French.

▶ Vous avez eu un accident. Vous recevez une carte de votre amie française. Ecrivez une réponse en français.

Donnez les renseignements suivants:
- Donnez votre réaction à la carte.
- Comment allez-vous aujourd'hui?
- Qu'est-ce qui vous est arrivé? (Donnez deux détails.)

Expliquez:
- Comment ça s'est passé. (Donnez deux détails.)
- Qu'est-ce que vous devez faire maintenant?

✎ Now you write a similar letter using different details.

AIDE

| Merci pour | ta lettre. |
| Je te remercie de | ta carte postale. |

▷ p7

J'ai mal	au pied.
Je me suis fait mal	à la cheville.
Je me suis cassé	le bras.
Je me suis coupé	la jambe.

▷ A17

| L'accident | s'est produit / s'est passé | il y a | deux jours. / trois semaines. |
| | | lundi. | |

| Je dois | passer | deux jours / trois semaines | au lit. / à l'hôpital. |
| | rester au lit | pendant trois jours. / jusqu'à samedi. | |

unit one 17

Overlap (Foundation/Higher Tier)

15 Moving house

▶ *Vous recevez une lettre d'une amie française, Nadine. Elle vous pose des questions sur votre nouvelle maison et le déménagement.*

Et comment est la nouvelle maison? Est-ce qu'il y a toujours beaucoup à faire? C'était difficile pour vous de quitter l'ancien appartement? Écris-moi bientôt.
Nadine

Ecrivez une lettre en français à Nadine

Donnez les renseignements suivants
- *Décrivez votre nouvelle maison.*
- *Préférez-vous la nouvelle maison ou l'ancien appartement? Pourquoi?*
- *Décrivez votre nouvelle chambre.*
- *Qu'est-ce que vous allez faire pour changer votre chambre? (Donnez deux détails.)*
- *Comment avez-vous aidé pendant le déménagement?*
- *Qu'est-ce qu'il y a, près de votre maison?*

Posez-lui
- *une question sur sa maison.*

Tips

❶ Learn the names for different types of housing: *une grande/petite maison à trois étages/un appartement à quatre chambres*, etc.
❷ You could say you prefer the house because it's <u>more</u> comfortable, bigger, <u>more</u> modern (use *plus* and an **adjective** – e.g. *plus confortable*) or say that you don't like it because it's <u>too</u> small, <u>too</u> old, etc. (Use *trop* followed by an **adjective** – e.g. *trop vieille*).
❸ You could say where rooms are: *ma chambre est au troisième étage* or describe the view: *avec une vue sur le jardin*.
❹ The contents of your room: *une table/une armoire/mon lit*, etc.
❺ Use *aller* plus an **infinitive**, to say what you are going to do.
❻ List a few household chores after *j'ai dû* (I had to …).
❼ *Dedans* or *là-dedans* mean 'in it'.

Chère Nadine

Nous habitons depuis deux semaines dans une grande maison ❶ à trois étages. Je préfère la nouvelle maison à notre ancien appartement, parce que c'est beaucoup plus calme ❷, et il y a plus de place. Ma nouvelle chambre est au deuxième étage ❸. Elle est très grande. Il y a un balcon et une vue sur le jardin. Dans la chambre, il y a mon lit, une table pour un ordinateur et une armoire ❹. La semaine prochaine, je vais acheter ❺ un ordinateur pour ma chambre et je vais décorer ma chambre en bleu et jaune!

Le déménagement était fatigant - j'ai dû ranger ❻ ma chambre et nettoyer la cuisine.

Il y a un centre sportif et des magasins pas loin de la maison.

Comment est ta chambre? Et qu'est-ce qu'il y a dedans? ❼

AIDE

Nous habitons dans	une	grande petite	maison.
	un appartement.		

▷ A4

Ma chambre est	au rez-de-chaussée.
	au premier étage.
	au deuxième étage.

▷ A4

Il y a / J'ai	une vue	sur la rue.
		sur le jardin.

▷ A4

Je vais décorer la chambre en	vert.
	rose.

Je vais acheter	un ordinateur.
	une étagère.
	des rideaux.

▷ A5

J'ai dû	passer l'aspirateur.
	ranger ma chambre.

▷ A7

Il y a	un centre sportif	pas loin de la maison.
	une boulangerie	à côté de chez nous.

▷ C1

Everyday activities

16 School questionnaire

▶ *Vous lisez ces questions dans un magazine français.*

Comment trouvez-vous votre vie scolaire?

Pouvez-vous me décrire une journée scolaire récente et vos projets d'avenir?

Etes-vous content(e) de porter un uniforme scolaire?

Ecrivez un article en français sur votre vie scolaire:

- *Décrivez la journée scolaire. (Donnez au moins trois détails.)*
- *Dites quelles matières vous faites et vos préférences.*
- *Décrivez vos relations avec vos professeurs.*
- *Aimez-vous l'uniforme? Pourquoi/pourquoi pas?*
- *Décrivez ce que vous avez fait au collège hier. (Donnez au moins deux détails.)*
- *Dites ce que vous allez faire l'année prochaine.*
- *Dites quel travail vous voulez faire plus tard.*

Chez nous, la journée scolaire commence à neuf heures et finit à trois heures et demie. Il y a deux récréations et on déjeune à midi. Nous avons deux heures de devoirs tous les soirs. C'est beaucoup, ❶ mais nos examens approchent vite!

En ce moment, j'étudie dix matières. J'aime les langues et je suis fort(e) en histoire ❷, mais je trouve les maths et les sciences très ennuyeuses.

Les professeurs sont sympas et patients ❸, mais assez stricts. Je pense que c'est normal parce que nous avons beaucoup de travail à faire et nos examens auront lieu dans dix mois. En plus, nos classes sont assez grandes (quelquefois plus de 30 élèves!) et il est plus facile de travailler dans une classe calme.

Nous devons porter un uniforme, qui est affreux ❹. Je déteste tous les uniformes, parce que je les trouve laids et inutiles.

Hier, c'était ma journée préférée, parce que j'avais une heure de français et une heure d'allemand. En plus, je fais partie d'un club de théâtre après le collège et on est allés voir une comédie de Willy Russell en ville. C'était très drôle ❺. Il est un de mes écrivains préférés.

L'année prochaine, je vais continuer mes études ici. Je ferai histoire, français et allemand ❻. Plus tard dans la vie, je voudrais ❼ travailler comme professeur de langues. J'adore les langues et j'aimerais ❼ bien travailler avec des enfants.

Tips

❶ Try not to just describe the school day, but give an opinion (*je trouve que c'est ...* or *à mon avis, c'est ...*). You could say whether you think the day is too long or too short, using *trop ...* and if possible, say why you think that.

❷ Don't just list the subjects you do and whether you like each one: pick a few and try to contrast them, using a variety of expressions. You could say how good or bad you are at them (*je suis assez/très fort(e) en .../je ne suis pas très fort(e) en ...*).

❸ Find good **adjectives** to describe character and personality, e.g. *sympa*, *patient*, etc.

❹ You could try linking ideas using *qui* or *que*.

❺ Use mainly the **perfect tense** to say what you did yesterday – try to use a variety of verbs; you may also need to use the **imperfect tense** to say 'was' or 'were'.

❻ Use the **future tense** (e.g. *je ferai*) or *aller* plus an **infinitive** (e.g. *je vais faire*) to write about your plans for the future.

❼ You could use the **conditional form** (*je voudrais* or *j'aimerais*) to say how you would like things to be.

A Now you write a description of your school.

B Imagine what your ideal school would be like and write an article for a French magazine about it. You should mention the following things:

- classrooms
- the school day
- uniform
- use of computers
- sport
- homework
- exams

AIDE

La journée scolaire	commence à ... et finit à ... dure ... heures.

Les	professeurs / élèves	sont	tres / vraiment	strict(e)s. / gentil(le)s.

▷ B6

Je suis / Je ne suis pas	fort(e) en	maths. / français.

L'année prochaine,	je ferai histoire et anglais. / je continuerai mes études. / je quitterai l'école.

Plus tard,	je voudrais / j'aimerais / j'espère	aller à l'université. / travailler comme coiffeuse.

unit one 19

Higher Tier

17 A school day

▶ *Vous écrivez une histoire sur la vie au collège. Regardez les scènes suivantes.*

Ecrivez l'histoire en français.

(Scène 1) Décrivez comment Coralie aide Fabien.
(Scène 2) Expliquez ce qui se passe quand Fabien retrouve sa classe. (Donnez au moins deux détails.)
(Scène 3) Racontez ce qui se passe pendant l'heure du déjeuner.
(Scène 4) Décrivez les évenements de l'après-midi. (Donnez au moins trois détails.)
(Scène 5) Racontez ce qui se passe à la fin de la journée scolaire.
(Scène 6) Ecrivez une bonne phrase pour terminer l'histoire.

C'est le premier jour de l'année scolaire. Fabien attend devant la salle de maths. Il n'y a personne. Il regarde son emploi du temps ... Oui, lundi, 8 h 45, maths. Tout d'un coup ❶, une jolie fille arrive. Elle dit qu'elle s'appelle Coralie – et que c'est mardi aujourd'hui!

Mardi, 8 h 45, biologie. Fabien est obligé de monter l'escalier jusqu'au troisième étage pour trouver le laboratoire. Il arrive en retard. Le professeur est en colère. Daniel, le plus grand garçon ❷ de la classe se moque de Fabien. Le pauvre!

Pendant la pause-déjeuner ❶, Fabien doit rester dans la salle de classe pour finir ses exercises. Par la fenêtre il voit Daniel avec la belle ❸ Coralie. Il fait beau et ils mangent leurs sandwichs ensemble.

Pendant le cours d'anglais ❶, le professeur pose une question facile à Daniel, mais il ne connaît pas la réponse. Coralie et Fabien trouve ça très amusant – mais pas Daniel!

Les élèves quittent l'école à la fin de la journée scolaire. Fabien voit Daniel qui s'approche de lui. Il y a une bagarre, et Daniel lui donne un coup de poing sur le nez.

A ce moment-là ❶, Coralie arrive. Elle voit que Fabien s'est fait mal. Alors, elle décide de ❹ partir avec lui. Pour Fabien, tout va bien qui se termine bien! ❺

A Now you write the plot of the story, changing some of the details. If you like, tell it from the perspective of one of the characters, Fabien, Daniel or Coralie, using the '*je*' form of the verb.

Tips

● You will probably use mainly the **present tense**.
● Although you are writing relatively short sentences, each one should contain quite a lot of description and detail.
❶ Use phrases like these to introduce a new part of the story.
❷ Notice how to say 'the tallest' etc.
❸ Don't forget to add adjectives where appropriate.
❹ *décider de* + **infinitive** means 'to decide to do something'.
❺ You could use this phrase to end a number of different stories.

B Now write your version of the story, using the title: *La revanche* (The revenge).

AIDE

Il pense	que c'est lundi.
Elle dit	qu'elle s'appelle Coralie.
Il répond	qu'il ne sait pas.

| ... le plus grand garçon | |
| ... la plus belle fille | de la classe |

| Il est obligé de | |
| Elle doit | rester dans la salle de classe. |

| Elle se décide à | |
| Elle décide de | partir avec lui. |

Everyday activities

Higher Tier

18 Problem page

▶ *Vous trouvez dans un magazine cet extrait d'une lettre, écrite par une jeune fille.*

> **Je trouve ❶ injuste d'avoir à ranger ma chambre toutes les semaines. Mes parents nettoient les autres pièces, mais ma mère dit que je dois ranger ma chambre. Je ne reçois que vingt francs par semaine, tandis qu'on donne trente francs par semaine à ma soeur aînée ❷. Elle a des examens cette année, donc elle ne doit ❸ pas aider à la maison. Mais la semaine dernière, elle était en vacances; elle n'a rien fait pour ses études et elle est sortie tous les soirs. J'en ai vraiment assez!** *[I've really had enough of it.]* **Mes parents disent ❹ que ce n'est pas leur problème et ils sont d'ailleurs trop occupés la plupart du temps.**

> **En plus ❶, nous habitons un petit village et il n'y a rien à faire ici; il y a un cinéma et des magasins en ville, mais je suis trop jeune pour conduire et il y a très peu d'autobus.**

> **J'aimerais bien ❺ avoir des parents plus compréhensifs et une soeur moins égoïste. Si rien ne change, je vais me chercher ❻ un appartement et je payerai quelqu'un pour faire le ménage!**

✏ *Ecrivez au magazine au sujet de votre vie de famille.*

- *Expliquez pourquoi vous n'êtes pas content(e) chez vous. (Donnez au moins deux détails.)*
- *Qu'est-ce que vous ne trouvez pas juste? Pourquoi?*
- *Expliquez qu'il y a des problèmes dans votre ville/votre village aussi.*
- *Décrivez l'attitude de vos parents.*
- *Dites ce que quelqu'un dans votre famille a fait que vous n'aimez pas. (Donnez au moins deux détails.)*
- *Décrivez la situation de famille idéale.*
- *Proposez une solution.*

Tips

❶ Look for phrases in the material given which will help you: *en plus*, *je trouve ...*, *surtout*, etc.
❷ Perhaps it's to do with household chores, pocket money, relationships with friends or family, etc.
❸ You could say that your brother or sister is allowed to do something you are not, or gets more pocket money than you, or that you have to do things that s/he doesn't have to do (you could use *devoir* or *pouvoir*).
❹ What do they think? *Ils pensent que ...*
❺ Use *je voudrais bien* or *j'aimerais bien* plus an **infinitive** to say what you would like to do.
❻ 'Si' + **present tense** is followed by **future tense** or *aller* + **infinitive** to say what you will do.

AIDE

Ce n'est pas juste!
J'en ai assez!
J'en ai marre!
C'est trop!

Mes parents disent que ce n'est pas leur problème.
Ma mère / Mon père	dit que je dois ...

Si ...,	je vais quitter l'école.
	je chercherai un appartement.

Je voudrais bien avoir	plus	de temps pour mes loisirs.
		de temps à moi-même.
		d'argent de poche.

2 Personal and social life

Area of Experience B The topics covered in this unit are:

- Self, family and friends
- Free time, holidays and special occasions
- Personal relationships and social activities
- Arranging a meeting or activity
- Leisure and entertainment

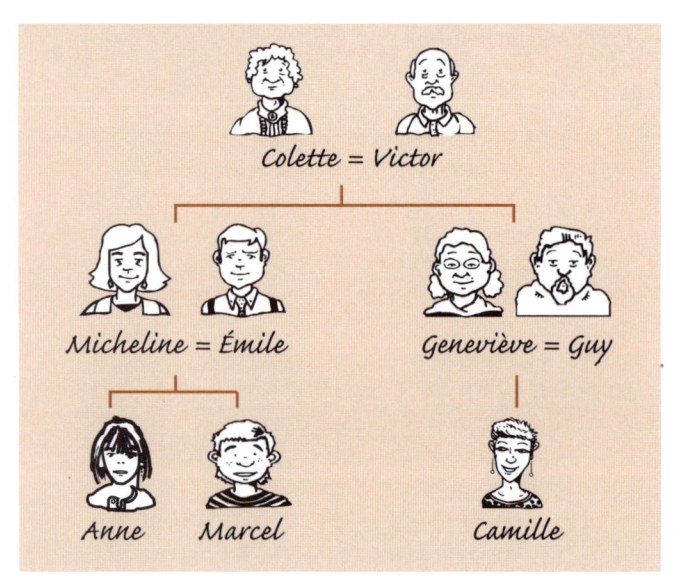

1 Family tree

A
You're helping your French penfriend, Camille, organise a family reunion. Look at her family tree and write a list of possible guests and their relationship to her.

Exemple: Victor: Camille – grand-père

Tip
- In this particular task you don't have to give the **gender** of the person, but in other tasks where you do, it's safe to assume that female members of the family are **feminine** words (*la grand-mère*) and male members are **masculine** (*le grand-père*).

B
How many different adjectives can you think of to describe each member of the family? Write their name and a word or words to describe them.

Exemple: Colette – vieille
Victor – chauve

Tips
- Just use single words to describe size, shape, age, personality, etc.
- Don't forget – use **feminine** spellings of **adjectives** for feminine people! (e.g. *vieille, grande, jolie, belle*).

2 Christmas presents

▶ You're going on holiday with your family to a relative's farm in France. List four family members who are coming with you.

mon frère
ma grand-mère
ma tante
mon cousin

Tip
- If the person is male, use *mon*. If the person is female, use *ma*. If you use a plural (e.g. sisters) it's always *mes*.

A
The trip wasn't a success, so next year you decide to go with four different family members! List them.

B
It would help things if you took some presents for the farm owner's family this time! Write down four possibilities.

Exemple: Le père – du chocolat

Tip
- Think of items in groups, e.g. something to eat, something to wear, something for the car, etc.

Foundation Tier

3 Penfriend registration

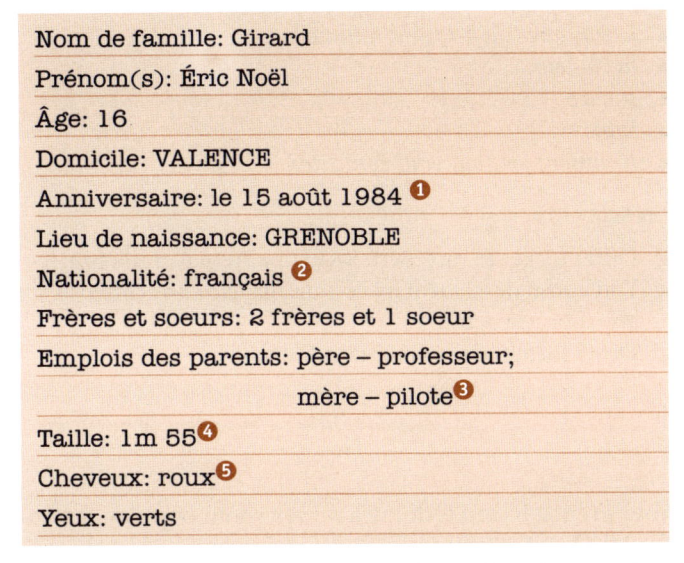

Nom de famille:	Girard
Prénom(s):	Éric Noël
Âge:	16
Domicile:	VALENCE
Anniversaire:	le 15 août 1984 ❶
Lieu de naissance:	GRENOBLE
Nationalité:	français ❷
Frères et soeurs:	2 frères et 1 soeur
Emplois des parents:	père – professeur; mère – pilote ❸
Taille:	1m 55 ❹
Cheveux:	roux ❺
Yeux:	verts

▶ You want to join a French youth club. Look at the sample registration form above and note down in English the information you are required to give.

A Copy and complete the form in French with information about yourself.

Tips
❶ Use *le* and just the number to give the date.
❷ One word will do. Don't use a capital.
❸ You don't have to tell the truth – make up something easy for either or both of your parents. ▷ D1
❹ Give your height in metres set out like this. Don't try to spell it out or you may make mistakes.
❺ Give a colour (*roux*) or a style (*courts*, *frisés*). In French, you talk about people's hair in the plural.

B You are e-mailing a new French member of an Internet mailing list about you and your family.

Donnez ces renseignements. Ecrivez chaque fois une phrase en français.
- *Comment vous appelez-vous?*
- *Quel âge avez-vous?*
- *Vous êtes comment? (grand(e) ou petit(e)? les cheveux?)*
- *Avez-vous une grande famille?*
- *Où habitez-vous?*
- *Que fait votre père/votre mère dans la vie?*

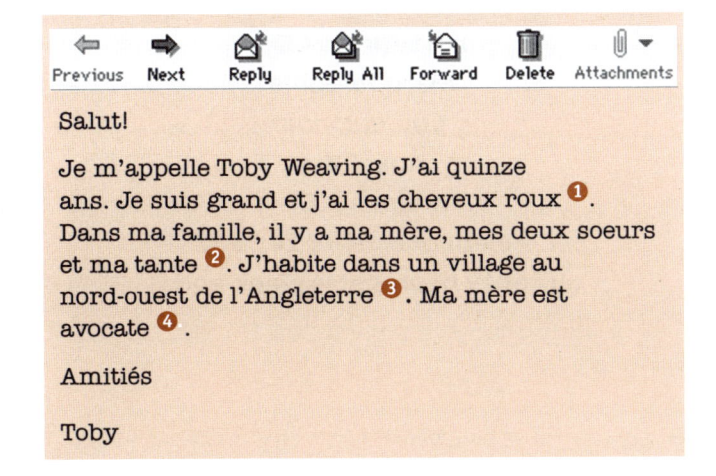

Salut!

Je m'appelle Toby Weaving. J'ai quinze ans. Je suis grand et j'ai les cheveux roux ❶. Dans ma famille, il y a ma mère, mes deux soeurs et ma tante ❷. J'habite dans un village au nord-ouest de l'Angleterre ❸. Ma mère est avocate ❹.

Amitiés

Toby

Tips
❶ You could describe your size, hair or eyes.
❷ Just list the people in your family. You could start with *Dans ma famille il y a …*
❸ You could say 'in a town' or 'in a village', or 'where in the country' (*au sud-ouest de l'Angleterre*) or simply who you live with.
❹ Remember, it doesn't have to be truthful – just acceptable French!

AIDE

Mon prénom	est …
Mon nom de famille	

Je m'appelle …
J'ai 15 ans.

J'ai	les yeux verts.	
	les cheveux	noirs.
		frisés.	▷ B4
J'ai 15		

Dans ma famille, il y a mon père, ma mère, mon frère, ma soeur. ▷ B9

J'habite	dans un village.
	à la campagne.
	au sud / a l'ouest	de l'Ecosse. / du Pays de Galles.	▷ A4

J'habite chez	ma mère.
	mon père.
	mes grand-parents.	▷ B9

Ma mère est	conductrice de bus.
Mon père est	journaliste.	▷ D1

unit two 23

Foundation Tier

4 For sale

▶ Look at this 'For Sale' advertisement.

À VENDRE ❶

Lecteur de CD ❷
Marque: Sonia
Couleur: noir
Âge: 5 ans
Affaire à 300F ❸
Téléphone: 04 75 24 36 57
après 19 heures et le week-end ❹

Tips

❶ Use *À vendre* to say 'for sale'.
❷ Say what it is you are selling; you can give the make (*marque*), the material it is made of or the colour, or any other appropriate information. ▷ B7, C9
❸ You could use *affaire* or *occasion* to tell the buyer it's a bargain! And notice how to write the price in French: 300F.
❹ Say how and when can you be reached.

Now write a similar advert for one of the following items.

Donnez ces renseignements en français:
- *qu'est-ce que vous vendez?*
- *la marque (ou le type d'animal)*
- *la couleur*
- *son âge*
- *le prix*
- *comment on peut vous contacter.*

CHECKLIST

✓ Don't forget to put 'FOR SALE' in French at the top.
✓ You could describe it by colour, make or any other appropriate detail.
✓ Don't forget to give prices in French.

5 Pets

▶ Your French friend is doing a survey about popular pets in the UK. List four common pets in French.

Chien	✓
Chat	✓
Poison	✗
Cheveux	✗

Tips

● Don't be too ambitious! Stick to words you know how to spell, and avoid having to rely on the dictionary.
● Make sure you get right words which you think are easy – there is a big difference between *poisson* and 'poison' …!
● Don't confuse French words which look or sound similar – what does *cheveux* mean and what do you think the correct word is?

A Try to think of four different possibilities. Remember – these are animals which people keep as pets.

B You stayed recently on your French friend's farm. In French, list four animals kept there.

C See how many different lists of animals you can think of (e.g. animals that get eaten by humans, animals that eat humans, animals that are endangered, animals that you wish were endangered).

24 Personal and social life

Foundation Tier

AIDE

| Mon frère | cadet / aîné | a | un nouveau | chien. chat. lapin. |
| Ma soeur | cadette / aînée | | | |

| Il / Elle | est | très / assez | grand(e). petit(e). | ▷ B4 |

| Il / Elle | est | noir(e). méchant(e). laid(e). ▷ B4 beau/belle. mignon(ne). ▷ B6 |

| Il / Elle | ronronne aboie mange boit | beaucoup. tout le temps. |

| Il / Elle | a | les yeux bleus. de grandes oreilles. |

Je	l'adore.
	le / la	déteste.
J'aime / Je n'aime pas	les souris. ▷ B16

| Je / Il / Elle | (ne) joue (pas) | avec | lui / elle | tout le temps. tous les soirs. après l'école. le week-end. |

▷ B2

6 A new pet

▶ Your younger brother has just got a new pet. Write to a French friend and give details. Remember to give your opinion of pets and/or this one in particular.

Donnez ces renseignements. Ecrivez chaque fois une phrase en français:
- *Quel animal a votre frère?*
- *Comment s'appelle l'animal?*
- *Comment est-il? (Donnez deux détails.)*
- *Qu'est-ce qu'il aime?*
- *Est-ce que vous l'aimez?*

Cher William

Mon frère cadet ❶ a un nouveau chien.
Il s'appelle Toutou.
Il est petit ❷ et noir ❸
Il est méchant.
Il aime le chocolat.
Berk! Moi, je déteste les chiens!

Amitiés

Steve

Tips

❶ If the pet belongs to a younger or older brother or sister you use *cadet(te)* for younger and *aîné(e)* for older.
❷ Learn a few simple **adjectives** to describe character and personality, e.g. *stupide/méchant(e)*. ▷ B6
❸ Using *et* to join phrases together can save you writing two sentences.

✒ Now you write a similar postcard in French about a pet belonging to you or to someone else in your family. You can use the picture prompts below if you wish.

unit two 25

Foundation Tier

7 Hobbies

A Look at the pictures and complete this list of the most popular free time activities in France:

```
s_ p_____r
f____ e du br_____e
f____ e du v___o
l__ e
```

B Now write four more of the things on the list.

C Use your dictionary to find the French for the remaining activities. Then see if you can classify all the activities pictured into the following categories:

  a Activities you do sitting down
  b Sports
  c Household tasks
  d Competitive games

D In French list three activities *you* enjoy and one you don't particularly enjoy.

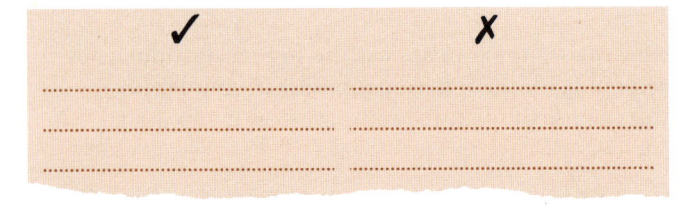

✓   ✗

8 About yourself

▶ You're signing up with a penfriend agency, looking for a French penfriend.

Donnez ces renseignements. Ecrivez chaque fois une phrase en français.
- *Donnez une description physique de vous-même.*
- *Décrivez votre personnalité. (timide? impatient? etc)*
- *Qu'est-ce que vous faites le soir – et le weekend? (Donnez deux détails.)*
- *Qu'est-ce que vous n'aimez pas faire?*
- *Quel livre ou quel magazine lisez-vous en ce moment?*

> Me voici!
> J'ai les cheveux courts et blonds. ❶
> D'habitude ❷, je suis très patient(e).
> Le soir, je regarde la télé ou je joue sur l'ordinateur.
> Le week-end, je fais des courses.
> Je déteste le football.
> En ce moment ❸, je lis 'Truckers' de Terry Pratchett ❹.

Tips

❶ You could describe any of the following: hair, eyes, size, figure, glasses.
❷ Choose and learn an easy phrase to describe your character, and practise using adverbs like *d'habitude*, *plutôt*, *assez*, *vraiment*.
❸ *En ce moment* is how you say 'at the moment'.
❹ You could say 'a book by ...' (*de ...*) or 'a magazine about ...' (*sur ...*).

▶ Now you write a personal info. sheet about yourself.

AIDE

| J'ai les cheveux | longs / roux | et les yeux | verts. / bleus. | ▷ B4 |

| Je suis | toujours / très / plutôt / vraiment | arrogant(e). / gentil(le). | ▷ B6 |

| J'aime / Je déteste | travailler dans le jardin. / faire du bricolage. | ▷ A7 |

| J'aime / Je déteste | la télé. / aller à la piscine. | ▷ B13 |

| En ce moment, | je lis | un livre de Roald Dahl. / un magazine sur les voitures. |

26 Personal and social life

Foundation Tier

9 Diary

A

L	26 mai	rendez-vous chez Pierre, 17 h	L	2 juin	
M	27 mai		M	3 juin	
M	28 mai	défilé en ville – 11 h	M	4 juin	piscine, 19 h
J	29 mai		J	5 juin	
V	30 mai		V	6 juin	
S	31 mai	fête chez Suzanne – 20 h	S	7 juin	marché aux puces, devant l'hôtel de ville, 12 h
D	1er juin	promenade à la campagne – 10 h	D	8 juin	

You are trying to fit some extra activities into the programme above. Look at what's planned already and make a list of free days.

Exemple: mardi 27 mai

Tip
- In French you don't need to worry about saying 'the twentieth of May', etc. You just say *le vingt mai* (or write *le 20 mai*).

B Now write a list of possible extra activities that you could put on. They can be either whole group or individual activities. Group them under the following headings:
- a evening activities
- b fine weather activities
- c wet weather activities
- d trips and outings.

Tips
- At Foundation Tier these activities could be written as a phrase with a verb *faire une promenade, aller à la piscine*, or just a noun *promenade, piscine*.
- Places should mean something to a French person, so avoid using just proper nouns such as Fred's Fish and Chips or Southampton. Try to use French words: *restaurant, ville*.
- Try to think of activities under headings: at home – in town – indoor – outdoor, etc.

le soir	quand il fait beau	quand il fait mauvais	excursions
....	....	....	....
....	....	....	....
....	....	....	....
....	....	....	....

C Write a list of possible meeting places for the group when they are in town.

Exemple: au parc

Tip
- If you want to say 'at' a place, use *au* for a **masculine** word, *à la* for a **feminine** word, *à l'* for a word beginning with a **vowel** and *aux* for a **plural** word.

unit two

Foundation Tier

10 Plans for the day

▶ Leave a note for your exchange partner saying what you are doing today.
- *Où allez-vous aujourd'hui? Pourquoi?*
- *Vous rentrez à quelle heure?*
- *Qu'est-ce que vous voulez faire ce soir?*
- *Ça coûte combien?*
- *Donnez un rendez-vous pour votre ami(e).*

> *Je vais à la* ❶ *poste. Je dois envoyer* ❷ *un colis.*
>
> *Je rentre à 17 h. Ce soir je veux aller* ❸ *au cinéma.*
>
> *Ça coûte 20F. On se rencontre devant* ❹ *la poste à 18 h.*

Tips
❶ Don't forget to use the correct form of *à la/à l'/au/aux*.
❷ Use *devoir* + **infinitive** to say what you have to do.
❸ Use *vouloir* + **infinitive** to say what you want to do.
❸ Use the correct prepostion (e.g. *devant/derrière* etc) and any place or feature in the town. ▷ B14

❗ Now you write a similar note for the following outings:

a a trip to the sports centre
b a trip to a museum
c a picnic

AIDE

	devant la mairie	samedi matin.
On se retrouve	derrière la poste	dimanche soir.
	à côté de la gare	lundi après-midi.

▷ B2

Nous allons / On va	au musée.
Nous faisons / On fait	un pique-nique.

11 Helping at home 1

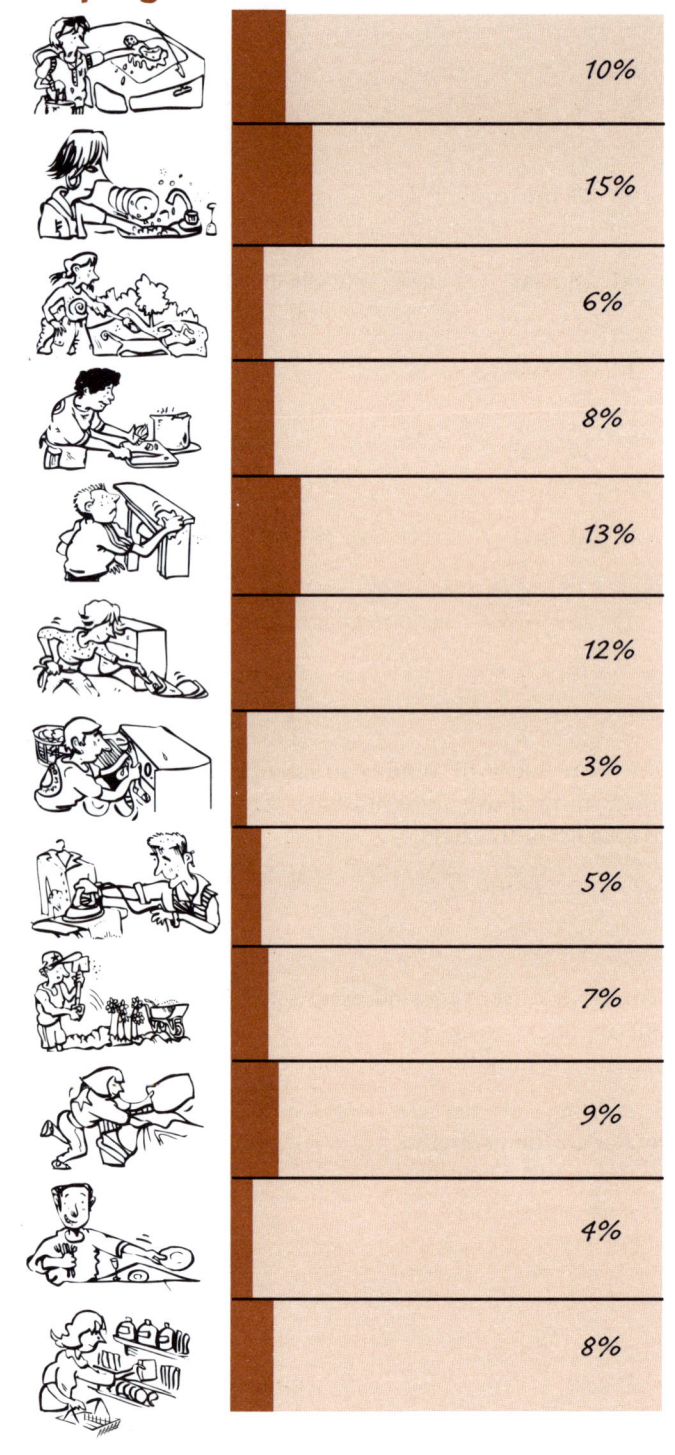

	%
(washing car)	10%
(washing dishes)	15%
(gardening)	6%
(ironing)	8%
(tidying room)	13%
(walking dog)	12%
(taking out rubbish)	3%
(ironing clothes)	5%
(gardening work)	7%
(sweeping)	9%
(cooking)	4%
(shopping)	8%

❗ **A** Look at the bar chart showing the what percentage of jobs teenagers do to earn pocket money. In French, write a list of the jobs in order of popularity.

Tips
● Use infinitives of all these verbs – e.g. *faire la vaisselle, travailler dans le jardin,* etc. ▷ A7

Exemple: *faire la vaisselle – 15%*

28 Personal and social life

Foundation Tier

12 Helping at home 2

▶ Your French penfriend has sent you a poster about helping around the house.

> **J'aide mon père à la maison.**
>
> Je passe l'aspirateur.
> Je fais ça deux fois par semaine.
> Ça me prend une heure.
> Mon père me donne 50F.
> Je fais des économies pour une moto.

Tips

❶ Use *ça me prend* when saying how long something takes.
❷ What do you buy with the money? *Avec l'argent, j'achète …* Or what are you saving for? *Je fais des économies pour…* ▷ B12

✎ *Regardez les illustrations et complétez le poster:*

J'aide ma mère à la maison

lundi, mardi, mercredi, jeudi, vendredi, dimanche, ~~samedi~~

AIDE

| J'aide | ma mère. / mon père. / mes grands-parents. | ▷ B9 |

| Je | fais la vaisselle. / repasse les vêtements. / passe l'aspirateur. / range ma chambre. | ▷ A7 |

| Je travaille | une fois / deux fois | par semaine. |

| J'aide | mon père / ma mère | tous les soirs. / tous les samedis. |

| Ça me prend | une heure / deux heures | (et quart). / (et demie). |

| Avec l'argent, | j'achète | des CD. / des bonbons. |

| Mon père / Ma mère | me donne … |
| Mes grands-parents | me donnent … |

| Je fais des économies pour | un lecteur de CD. / un vélo. / les vacances. | ▷ B12 |

unit two

Overlap (Foundation/Higher Tier)

13 Introducing yourself

▶ *Vous cherchez un nouveau/une nouvelle partenaire pour faire un échange. Ecrivez une lettre d'introduction sur vous-même en français.*

Répondez à ces questions:
- *comment êtes-vous?*
- *qui sont les membres de votre famille?*
- *quels sont vos passe-temps?*
- *qu'est-ce que vous avez fait dans votre temps libre la semaine dernière?*
- *qu'est-ce que vous allez faire le week-end prochain?*

Posez-lui:
- *des questions sur sa famille et ses passe-temps.*

CHECKLIST

✓ Give information about yourself, what you look like and your personality.
✓ Which tense will you use to say what you did last week?
✓ What sort of questions do you have to ask?
✓ What are you asked about next weekend? Which tenses could you use?
✓ Don't forget to 'develop' each item, i.e. add another piece of information to each point.

Bonjour! Je m'appelle Chloë, ta correspondante anglaise. J'ai quinze ans et ❶ j'ai les cheveux blonds et frisés. J'ai les yeux verts et je suis grande – 1m 80 – et assez grosse. Je m'aime comme ça. D'habitude je suis calme mais de temps en temps trop bavarde! Je déteste le sport, et je ne suis pas du tout sportive. J'aime aller ❷ aux concerts et sortir avec des copines. J'ai deux soeurs, Charlotte et Sophie, et mes grand-parents habitent aussi chez nous. Mon père est conducteur d'autobus ❸ et ma mère est journaliste. Dans mon temps libre j'aime jouer aux échecs et jouer sur l'ordinateur. Chaque week-end, je vais au cyber-café avec mes amis pour jouer sur Internet. La semaine dernière, je suis allée au cinéma, et le week-end prochain, je vais ❹ acheter un lecteur de CD.

Parle-moi un peu de toi! Est-ce que tu as des frères ou des soeurs? Que font tes parents? Quels sont tes passe-temps? Est-ce tu joues d'un instrument de musique?

Amicalement

Chloë

Tips

❶ Join short phrases with simple conjunctions like *et*, *mais* and *ou*.
❷ If you use a verb after *aimer* you have to use the **infinitive**.
❸ You don't have to tell the truth! Choose a job that you know the French for.
❹ Don't forget that the **present tense** is often enough to describe a future event. However, you could also use *aller* + **infinitive** or the **future tense**.

A Now you write a letter to Sophie with information about yourself.

B *Vous avez reçu une lettre d'un nouveau correspondant français/une nouvelle correspondante française. Il/elle pose des questions sur vous et votre famille.*

...et ta famille? Elle est grande ou petite? Tu t'entends bien avec les membres de la famille? Tu as beaucoup de copains? Comment s'appelle ton meilleur copain ou ta meilleure copine? Décris-le/la et décris ce que vous faites ensemble.

Ecrivez-lui une lettre en français.

Donnez les renseignements suivants.
- *Donnez une description de votre famille.*
- *Avec qui vous entendez-vous bien et pourquoi?*
- *Décrivez votre meilleur ami/votre meilleure amie.*
- *Qu'est-ce que vous avez fait avec lui/elle la semaine dernière?*
- *Quels sont vos projets pour le week-end prochain?*

Posez-lui:
- *une question sur ses parents.*

AIDE

Je m'entends	bien / mal	avec	mes parents. / mes frères et mes soeurs. / ma famille.

Je me dispute / J'ai des ennuis	avec mes frères et mes soeurs.

Je ne peux pas supporter	mon frère	cadet. / aîné.
	ma soeur	cadette. / aînée.

30 Personal and social life

Overlap (Foundation/Higher Tier)

Je ne l'aime pas (du tout).					
Je	le / la	déteste.			

Je (ne) suis	(jamais) toujours quelquefois d'habitude	de	bonne mauvaise	humeur.
Il (n') est Elle (n') est				

▷ B2, B6

Mon / Ma	meilleur(e) ami(e)	s'appelle ...
		est (assez) petit(e). (très) sympa.

Ce week-end Dans deux semaines, Pendant les vacances,	nous allons	visiter un musée. rendre visite à mon oncle.

Je l'ai rencontré(e)	à la Maison des Jeunes. en boîte. à la piscine.

▷ B14

Que font vos parents Que fait ta mère	comme travail? dans la vie?

La semaine dernière, Samedi dernier,	je suis allé(e) avec	mon ami(e) mon frère ma soeur	à la Maison des Jeunes. au cinéma.

▷ B13

14 Sad news

▶ Vous avez reçu une lettre de votre amie, Coralie.

Il a eu un accident de moto. Il s'est fait mal et il ...

Ecrivez une réponse en français à Coralie.
Donnez les renseignements suivants:
- Donnez votre réaction sur l'accident d'Eric.
- Posez-lui une question sur la situation d'Eric.
- C'était quand, la dernière fois que vous avez vu Eric?
- Qu'est-ce que vous avez fait ensemble? (Donnez deux détails.)
- Quand allez-vous écrire une lettre à Eric?
- Qu'est que vous voulez envoyer comme cadeau?

Salut, Coralie,

Merci de ta lettre. Pauvre Eric! Quelle horreur! Je suis désolé pour lui ❶. Est-ce qu'il est toujours à l'hôpital? Tu lui as rendu visite ❷? Je n'ai pas vu Eric depuis deux ans ❸. On a fait un pique-nique à la campagne avec ta famille. Je vais ❹ lui écrire une carte cette semaine. Je veux ❹ envoyer un petit cadeau – une boîte de chocolats. Il adore ça.

Gros bisous,

Theo

Tips

❶ Here are some ways of showing your reaction to the news.
❷ Use *rendre visite à* for 'to visit a person'.
❸ *depuis deux ans* is 'for two years'; *depuis Pâques* is 'since Easter'.
❹ Use *je vais* + **infinitive** to say what you are 'going to do'; use *je veux* + **infinitive** to say what you 'want to do'.

AIDE

Est-ce qu'il	est toujours à l'hôpital? va mieux maintenant? doit rester au lit?

Je n'ai pas	vu Eric écrit	depuis	deux ans. Pâques.

Je vais Je veux	écrire une carte envoyer un cadeau	aujourd'hui. cette semaine.

unit two 31

Overlap (Foundation/Higher Tier)

15 A telephone message

▶ *Vous êtes chez votre amie française et quelqu'un téléphone pour vous inviter à un concert en ville ce soir. Votre amie n'est pas là.*

Ecrivez un message en français pour votre amie.

Répondez à ces questions:
- *Qui a téléphoné? Quand?*
- *Où est le concert?*
- *Le concert commence à quelle heure?*
- *Qu'est-ce que vous allez faire après le concert? (Donnez deux détails.)*
- *Où allez-vous retrouver les autres amis?*
- *A quelle heure?*

Demande-lui:
- *si le concert l'intéresse.*

Tips

❶ As this is just a note you could start with an informal greeting like *salut*!
❷ When you want to say 'at the', *à la* and *à l'* are how you'd expect (*à la piscine, à l'hôtel de ville*), but don't forget that *à + le = au* and *à + les = aux* (*au café, aux magasins*).
❸ Here's how to ask Geneviève if she's interested.

A Now you write the message to your friend using details of your own.

B Now write a second message, this time about another event – it could be a party, a swimming trip, a trip to the cinema, a firework display, a big flea market, an annual fair, a circus etc.

Salut ❶, Geneviève

Micheline a téléphoné à 3 h – il y a un concert de rock en ville ce soir à six heures devant l'hôtel de ville. Après le concert, on va manger chez Micheline et écouter des CD. On va retrouver les autres au ❷ café à cinq heures et demie. Ça te dit? Tu veux venir ❸ ?

À bientôt

Dennis

AIDE

| Claude a téléphoné – il y a | un grand defilé
un feu d'artifice | ce soir. | ▷ B2, B3 |

| On se retrouve | | devant le café.
à côté de la gare.
au cinéma. | ▷ B14 |
| On va retrouver | Claude
les autres | | |

Tu veux venir?
Ça t'intéresse?
Ça te dit?

Personal and social life

Higher Tier

16 A famous person

▶ *Vous trouvez ce concours dans un magazine de télévision:*

> ### Gagnez 1 000F!
>
> Faites la description d'une personne connue. Ça peut être une vedette de télé, du cinéma, du sport ou de la musique.
>
> Il/elle est comment? Pourquoi vous intéressez-vous à cette personne? Quels sont ses plus grands succès et ses projets d'avenir?

Ecrivez en français au magazine
- *Donnez le nom, la nationalité, l'âge et la profession de la personne.*
- *Décrivez son apparence et son caractère.*
- *Dites pourquoi cette personne vous intéresse.*
- *Décrivez son plus grand succès. (Donnez au moins deux détails.)*
- *Racontez un peu sur sa jeunesse. (Donnez au moins deux détails.)*
- *Décrivez ses projets d'avenir.*

CHECKLIST

✓ Either choose a living person who is easy to write a few sentences about – male or female, or invent someone; you don't have to tell the truth about him/her!

✓ Make a list of the things you will have to give information about.

Luigi Nosella

Luigi Nosella est pilote de course ❶ italien ❷. Il a 23 ans et je l'aime parce que je suis passionné de Formule 1 et il est conducteur pour Ferrari.

Il a gagné son premier grand prix à l'âge de 19 ans – un record. Il est assez petit, mais pour les pilotes de course, c'est un avantage parce que les voitures sont très petites. Il a les yeux bleus et les cheveux blonds. Il est très intelligent mais un peu arrogant. Il est né en 1977 ❸ à Trévise, une ville dans le nord de l'Italie près de Venise. Son père était ❹ aussi pilote de course, mais il est mort ❹ dans un accident au Grand Prix de Belgique en 1982. Son plus grand succès a été ❹ sa deuxième place au championnat du monde en 1995, après une grande lutte avec Nigel Walker, pilote de course anglais. Luigi Nosella habite maintenant à Monaco, pour éviter les impôts.

L'année prochaine, il va se marier ❺ avec la chanteuse de pop, Natalie Nova. Sa plus grande ambition est de gagner le championnat du monde.

Tips

❶ You don't need to use *un(e)* with jobs.
❷ Use **adjectives** with correct endings where necessary. ▷ E1
❸ You can give the year by writing *en 1977*.
❹ Use mainly the **perfect tense** to write about the past; if you want to say 'was/were', use the *imperfect tense (c'était ... il/elle était/habitait)*, but for 'he/she was born', use the **perfect tense**: *il/elle est né(e) ...*
❺ To talk about future plans, try to use a **future tense** (or say *sa plus grande ambition est ...*).

A Now write a similar article about someone famous.

B Now write an article about someone you know. Cover the same points as you did in the other article. Don't worry if you don't know everything about that person – you can make things up if you want to!

AIDE

| Je suis passionné(e) de foot. |
| Je m'intéresse à la musique.   ▷ B12 |

| Il | a | gagné son premier grand prix | à l'âge de ... ans. |
| Elle | | marqué 100 buts | |

unit two 33

Higher Tier

17 How things used to be

▶ *Vous lisez dans un magazine cet extrait sur les jeunes après la deuxième guerre mondiale et les jeunes d'aujourd'hui.*

La vie des jeunes aujourd'hui, est-elle plus facile que la vie des jeunes en 1949?

Est-ce que nos jeunes regardent trop de télévision et passent trop de temps devant l'ordinateur?

❶ Dans les années juste après la deuxième guerre mondiale, la vie était ❷ beaucoup plus dure pour les jeunes. Il n'y avait pas d'ordinateurs, et très peu de gens avaient une télévision. Pendant les week-ends et les vacances, on faisait des promenades en famille ou des excursions en autobus. Le soir, on restait à la maison et on faisait des jeux de société ou on lisait. Il y avait beaucoup de clubs pour les jeunes où ils faisaient du sport, ils discutaient et ils écoutaient de la musique ensemble.

❶ Beaucoup de parents pensent ❸ que la vie d'aujourd'hui est beaucoup plus facile pour les jeunes ❹. Ils ont tout ce qu'ils veulent: un ordinateur, un télévision et un lecteur de CD. Par conséquent, ils ont l'habitude de rester tout seul dans leur chambre, et les parents ne savent pas s'ils font les devoirs ou s'ils jouent à l'ordinateur. En plus, avec la télévision ou l'ordinateur, certains disent qu'on a plus besoin de penser et qu'on fait moins de sport. On dit que la vie est trop facile et que les jeunes d'aujourd'hui deviennent des zombies!

Ecrivez en français au magazine.
- *Décrivez la vie des jeunes après la deuxième guerre mondiale. (Donnez au moins deux détails.)*
- *Décrivez ce qu'on faisait le soir, à la maison, en 1949.*
- *Dites ce que les jeunes faisaient, quand ils sortaient.*
- *Expliquez comment la vie des jeunes est différente aujourd'hui. (Donnez au moins trois détails.)*
- *La vie des jeunes, est-elle plus facile aujourd'hui? Pourquoi/pourquoi pas?*
- *Dites comment vous trouvez les jeunes d'aujourd'hui.*

Tips

❶ Set out your article in paragraphs contrasting the past and the present and give your opinion.
❷ Use the **imperfect tense** to describe how things used to be: *la vie était …/il n'y avait pas de …/ on faisait …*
❸ Use the **present tense** to say how things are nowadays (*de nos jours/aujourd'hui*): *la vie est …/ il y a …/on fait …*
❹ Decide whether you think life is easier for teenagers now than it was then and give your reasons.
● Make comparisons: *les familles avaient moins de …/les jeunes étaient moins/plus …*
● Give an opinion: *je trouve que …/à mon avis …*
● Use phrases to support your argument and argue your case: *il ne faut pas oublier que …/d'un côté … de l'autre côté …*

✏ Write a letter back to the magazine giving your opinions. You might want to agree strongly with what is said, or to put a different point of view.

AIDE

Il y a 50 ans Après la deuxième guerre mondiale Dans les années 50/60/70 Autrefois	on faisait il y avait … mes parents lisaient …

La plupart des	enfants familles jeunes	n'avait pas	de télévision. d'ordinateur. de voiture.

Je pense Je crois Certains disent	que …

Personal and social life

Higher Tier

18 French trains

▶ *Vous faites un dossier à l'école sur les transports en France. Ecrivez une lettre pour obtenir des renseignements sur les TGV.*

Ecrivez en français au directeur de la SNCF. Commencez et terminez votre lettre avec les formules nécessaires.
- *Dites comment vous avez obtenu l'adresse du directeur.*
- *Dites qui vous êtes et pourquoi vous écrivez.*
- *Expliquez pourquoi vous vous intéressez aux trains.*
- *Demandez des renseignements sur les TGV. Posez au moins deux questions.*
- *Demandez des photos des trains.*
- *Dites que vous avez joint une enveloppe pour la réponse.*
- *Remerciez le directeur.*

Tips

- In French, formal letters have to be structured in a very specific way, using certain set phrases – and don't forget to call the person you are writing to *vous*.
- ❶ Set out information about what you are interested in and what kind of information you are asking for.
- ❷ Introduce the questions you are going to ask.
- ❸ Learn phrases for opening formal letters, introducing requests and closing letters in French.

Moretonhampstead, le 13 avril

Monsieur/Madame

J'ai trouvé votre adresse dans un livre à la bibliothèque. Je m'appelle Duane Simms et je suis élève à un lycée près de Moretonhampstead, dans le Devonshire. Je m'intéresse ❶ aux trains, et surtout aux TGV, parce que je fais des recherches pour un dossier sur les transports en France. Je vous serais reconnaissant de bien voulour m'envoyer quelques renseignements sur le réseau des TGV en France.

Pourriez-vous répondre à quelque questions? ❷ Je voudrais connaître la vitesse maximale des TGV. Quelle est la durée du voyage Paris–Lyon? Avez-vous des problèmes avec les environnementalistes?

Vous seriez aimable de m'envoyer des photos des trains et des gares SNCF. Vous trouverez ci-joint une enveloppe pour la réponse.

Veuillez agréer, Monsieur/Madame, l'assurance de mes sentiments distingués. ❸

Duane Simms

! Now you write a similar letter to the director of a company in charge of something you are interested in, asking some questions of your own. Some ideas are:

- a the head of a theme park or entertainment complex
- b the director of a music or record company
- c the person in charge of a factory making something you are interested in
- d the chief of an environmental agency or recycling company

---

AIDE

Je voudrais des renseignements sur …

Je vous serais reconnaissant(e) de bien vouloir Veuillez Je vous prie de bien vouloir	m'envoyer …	▷ p8

Pourriez-vous répondre à quelque questions? Vous seriez aimable de me faire savoir … Veuillez trouver ci-joint un(e) …	▷ p9

Veuillez agréer,	Monsieur, Madame,	l'assurance de	mes sentiments distingués. mes sincères salutations.	▷ p9

unit two 35

3 The world around us

Area of Experience C The topics covered in this unit are:

- Home town, local environment and customs
- Finding the way
- Shopping
- Public services
- Getting around

1 In town

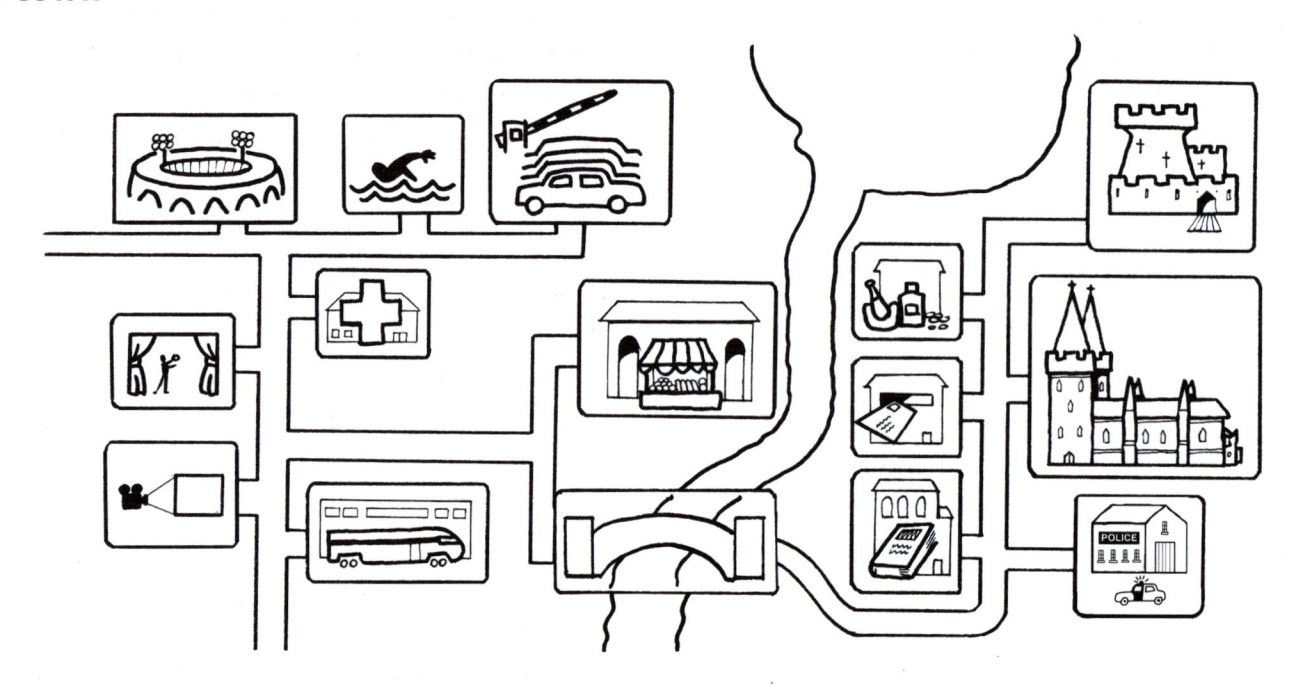

A Look at the map of the town. Under each of the headings make a list in French of four of the buildings labelled. In each case the first one has been done for you. You may feel that some buildings could belong to more than one group.

Historic	Entertainment
le château	le théâtre

Emergencies	Everyday
les sapeurs-pompiers	le parking

B Now see if you can add two more buildings to each list. Use a dictionary if you need to.

36 The world around us

Foundation Tier

2 Visitor information

▶ You have been asked to design a leaflet with information for visitors about your town or a town near you.

Donnez ces renseignements. Ecrivez chaque fois une phrase en français.
- *Comment est votre ville? (Donnez au moins deux détails.)*
- *Quel monument historique peut-on visiter?*
- *Qu'est-ce qu'on peut acheter comme souvenir de la ville?*
- *Où y a-t-il un parking?*
- *A quelle distance se trouve l'aéroport?*

Tips

❶ You could use *il y a …* or *nous avons …*
❷ Just give the name of an old building you can visit, or say what you think about it or how old it is.
❸ Use *on peut acheter* to suggest what someone might buy.
❹ Use *il y a* and then a **preposition** to describe where it is. ▷ B14
❺ You could give the distance e.g. *à 15 km*, or describe how long it takes to get there.

✐ Now you design an information leaflet about your own town or a town near you.

Visitez Harrogate!

C'est une ville touristique.
Nous avons ❶ beaucoup de magasins de vêtements.
Les vieux thermes sont très intéressants. ❷
Comme souvenir, on peut acheter du caramel. ❸
Il y a un parking derrière la gare. ❹
L'aéroport est à 15 km. ❺

AIDE

Il y a		un stade.
Nous avons	beaucoup de	cafés.
Notre ville a	deux	théâtres.

▷ C1

Les vieux thermes	sont magnifiques.
Les jardins publics	datent du 19ème siècle.

▷ C1, C2

Comme	souvenir, spécialité local,	on peut	acheter du caramel.
	excursion,		visiter Knaresborough.

▷ B3

Il y a	un parking	derrière	la gare.
	une piscine	à côté de	

▷ B14

L'aèroport	est	à 10 km		du centre-ville.
La gare	se trouve	à 10 minutes	à pied	
			en taxi	

▷ C3

unit three 37

Foundation Tier

3 Weather

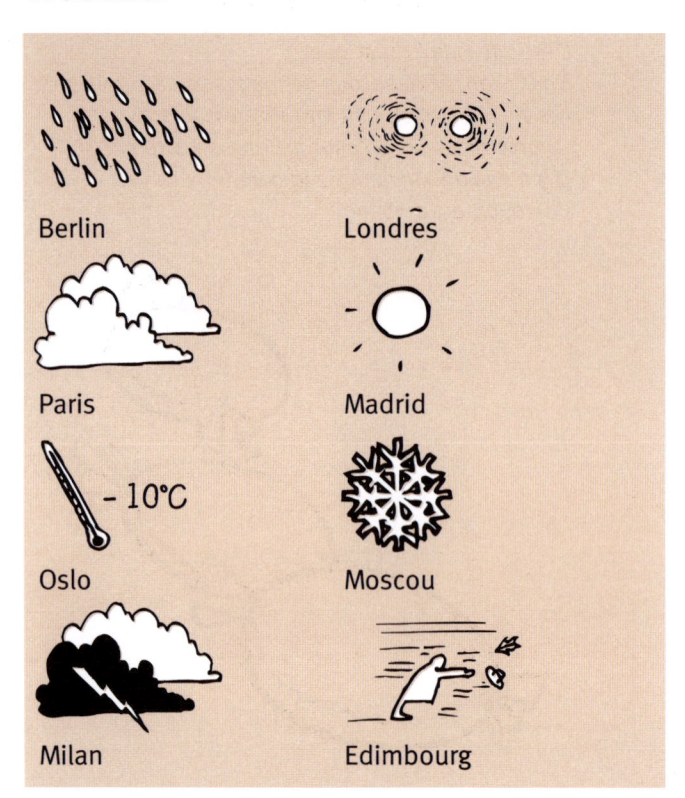

Berlin — (rain)
Londres — (sun)
Paris — (clouds)
Madrid — (sun)
Oslo — -10°C
Moscou — (snow)
Milan — (thunderstorm)
Edimbourg — (wind)

✎ **A** Look at the weather information above. Write a list of four European cities and the weather there.

> Berlin: il pleut

✎ **B** Now try and complete the rest of the list.

4 Party time

▶ You are designing a poster to advertize an outdoor party to celebrate *le 14 Juillet – la Fête nationale.*

Donnez ces renseignements. Ecrivez chaque fois une phrase en français.
- Ecrivez le jour de la semaine, la date et l'heure du rendez-vous.
- Où faut-il aller
  a *s'il fait beau?*
  b *s'il fait mauvais?*
- Qu'est-ce qu'il faut amener à boire? (une chose)
- Qu'est-ce qu'il faut amener à manger? (deux choses)
- Quel costume est obligatoire pour la fête?

Le 14 juillet – Fête nationale française
Rendez-vous ❶: le vendredi 14 juillet à 19h30 ❷
S'il fait beau: devant la bibliothèque ❸
S'il fait mauvais: dans la salle de musique
Amenez ❶ s.v.p. une bouteille d'Orangina
   et une salade ou un gâteau ❹
❺ Costume obligatoire: un T-shirt à rayures bleues et un béret

Tips

❶ Notice how to give the *vous*-form command in French. This can be used when you want to address more than one person, e.g. a group of school-friends.
❷ Here's how to give the date and time in French. ▷ B1
❸ If it's an outdoor party you could say 'in front of…' or 'behind…'. ▷ B14
❹ You could think of something typically French, e.g. *sandwich-baguette,* snails or frogs' legs. ▷ A8–13
❺ You could think of a theme for your party with appropriate dress.

✎ **A** Now you design a poster for the French National Day on July 14th.

✎ **B** Design a poster for a different occasion, e.g. *la Saint Valentin* (St. Valentine's Day), *la Saint Sylvestre* (New Year's Eve) or *la Fête des Mères* (Mother's Day).

AIDE

| Rendez-vous | le vendredi 14 juillet
le samedi 14 février | à 21h30. | ▷ B1 |

| Amenez s.v.p. | une bouteille de…
un paquet de… | ▷ A13 |

| S'il y a du vent… |
| S'il | pleut…
fait | beau…
mauvais… | ▷ C6 |

| un T-shirt | à rayures bleues
rayé bleu et blanc | ▷ A3, C7 |

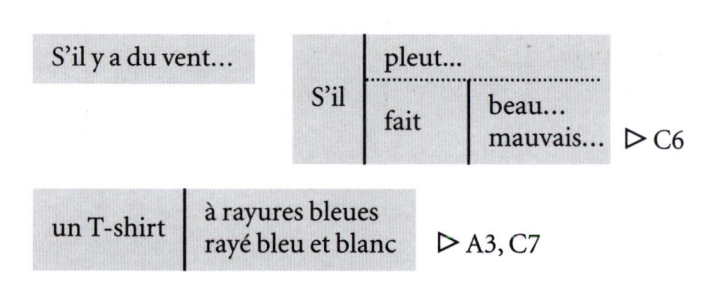

The world around us

Foundation Tier

5 Street signs

The symbols above are all to be found in most towns and are useful when giving directions. Complete as many as you can without using a dictionary. In each case the first letter is given for you.

F _ _ _ _ _
P _ _ _ _
F _ _ _
E _ _ _ _ _
H _ _ _ _ _ _ _
R _ _ _ - _ _ _ _ _
A _ _ _ _ D'_ _ _ _ _ _ _ _
G _ _ _ _
G _ _ _ R _ _ _ _ _ _ _
S _ _ _ _ _ _ D _ M _ _ _ _
O _ _ _ _ _ D _ T _ _ _ _ _ _ _
B _ _ _ _ A _ _ L _ _ _ _ _ _
T _ _ _ _ _ _ _
C _ _ _ _ _ _ T _ _ _ _ _ _ _ _ _

6 Directions

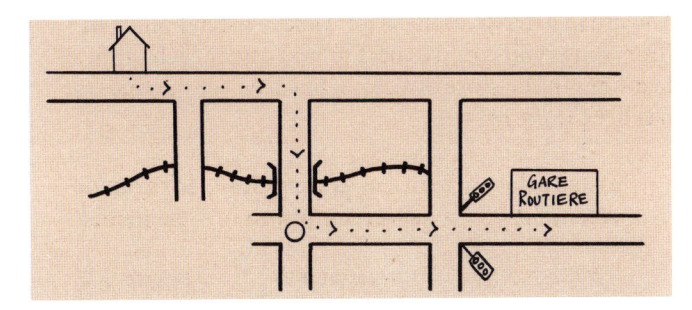

▶ You are explaining to your French friend how to get from your house to the bus station. Look at the plan and write accompanying instructions using each of the symbols.
Ecrivez chaque fois une phrase en français.

> ❶ *Tu sors d'ici, tu descends la rue et tu prends la deuxième rue à droite. Tu traverses le pont et au rond-point ❷, tu tournes à gauche. Aux feux ❷, tu continues tout droit et la gare routière est un peu plus loin sur ta gauche.*

Tips

❶ Either use the *tu*-form of the verb or give the *tu*-form command.
❷ Remember to use the correct form of *à la*, *au* or *aux* when you want to say 'at the lights' or 'at the telephone-box' etc. ▷ C1

✏ Now you invent three small diagrams showing how to get from your house to:

a the bus-stop
b the supermarket
c the station
d another landmark.

Write accompanying instructions for each one.

AIDE

Tu	descends montes	la rue	jusqu'au bout. jusqu'aux feux.

Tu traverses Traverse		le pont. la rue.

Tu prends Prends	la	première deuxième	rue	à gauche. à droite.	▷ C5

Aux feux, Au rond-point, A la boîte aux lettres,		tu tournes tourne	à droite. à gauche.	▷ C1, C5

La gare routière	est	un peu plus loin. sur ta gauche. à 200 mètres à gauche.	▷ C1

unit three 39

Foundation Tier

7 Department store

A You are in a department store. Make a list in French of four things you could expect to find under each of these headings in the store directory. In each case the first one has been done for you.

le rayon des vêtements	le rayon des articles de bureau/photo	le rayon de la cuisine
blouse	pellicule	presse-ail

B Now see how many more articles you could add to each list. Don't forget to check spellings in your dictionary.

8 Winter sales

▶ Your task is to design a sales poster (*Soldes*) for a department store. Choose any three items from the lists at the top of this page.

Donnez ces renseignements. Ecrivez chaque fois une phrase en français.
- *Dans quel rayon peut-on trouver les articles?*
- *Décrivez chaque article. (Donnez deux détails.)*
- *Quel est le prix de chaque article?*

Soldes!

❶ Au rayon des vêtements: *sweats en coton,* ❷ *taille moyenne seùlement – prix fou!* 50,-FF ❸
Au rayon des articles de bureau: *50 enveloppes, 2 paquets* ❹ *– à moitié prix!* 10,-FF ❸
Au rayon de la cuisine: *6 tasses à café,* ❹ *rouges ou blanches* ❹ *– seulement* 30,-FF ❸

! Now you design a poster for the sales, choosing three different items from your lists at the beginning of this page.

CHECKLIST
✓ Think about what each item is made of, its colour, its price, etc.

Tips
❶ If you want to make up a different department just use *au rayon de la.../du.../des...*
❷ You could give information about colour, size, quantity, make or say what it is made of.
❸ Use a phrase like *seulement ...FF, prix fou!* or *à moitié prix!* to suggest a bargain price.
❹ Remember to use plural forms where appropriate.

AIDE

au rayon	des articles de sport des vêtements des disques	▷ C7

enveloppes pellicules Kodak crayons	le lot de deux paquets	▷ C8

pullovers de taille	moyenne grande	en laine	▷ C7, C9

des sweats rouges	en coton	
des casseroles	en aluminium en verre en fer	▷ C9

40 The world around us

Foundation Tier

9 Shopping lists

A Under each of the different shop signs given below, give the French for four more items you would expect to be able to buy there. In each case an example has been given for you.

Tips
1. Practise using the correct form of *du, de la* or *des*.
2. Think about whether or not to use plural forms here.
3. You could just say 'meat' or 'sausages', or you could try to learn two or three different types of meat. ▷ A11

Epicerie	Fruits et Légumes	Boucherie/ Charcuterie	Quincaillerie
du ❶ sucre ❷	des ❶ pommes ❷	du jambon ❸	du gaz
....	....	....	....
....	....	....	....
....	....	....	....
....	....	....	....

AIDE

une boîte d'anchois
un tube de mayonnaise
un paquet de chips
un pot de miel
un morceau de fromage
une bouteille de vin

un kilo de pommes de terre
une livre de pommes
un litre de lait
une tranche de jambon
une tablette de chocolat

B Now re-write your lists, this time choosing an appropriate quantity or packaging for each item from the box opposite.

Exemple: un tube de mayonnaise

10 Message

▶ You are writing a message for your French friend who wants to go to the shops for you.

Donnez ces renseignements. Ecrivez chaque fois une phrase en français.
- Qu'est-ce qu'il/elle doit acheter pour le repas du soir? (Donnez au moins trois détails.)
- Qu'est-ce qu'il/elle doit acheter comme boisson?
- Où faut-il aller pour acheter les articles?
- Où se trouve le magasin?
- Où est votre porte-monnaie?

Salut Albin!
Est-ce que tu peux acheter un paquet ❶ de riz, une boîte ❶ de tomates, 3 oignons et une bouteille de limonade, s'il te plaît? Il faut aller à l'épicerie. Pour aller aux magasins, tu prends ❷ la première rue à droite, et l'épicerie est au bout de la rue après ❸ la quincaillerie. Mon porte-monnaie est dans la cuisine sur la table. ❹
Merci, Béatrice

Tips
1. Try to practise giving quantities or packaging with each item.
2. Give simple directions from your house. ▷ C5
3. You could say it's 'near' or 'opposite' or 'between' other shops or places in the town. ▷ C1
4. Or you could say which room, or where in a room. ▷ A4

Now you write the message and draw a plan labelled in French to go with your directions.

AIDE

La pharmacie La boucherie	se trouve est	à côté en face	du supermarché. de la boulangerie.
		entre la poste et la gare.

▷ C5

La poste est	un peu plus loin. juste après la gare. dans la première rue à gauche. dans Grainger Street.	▷ C1

unit three 41

Foundation Tier

11 Transport

How many of these methods of transport can you name in French? Group them according to whether or not you think each one will still be an important means of transport in 200 years' time.

✓	✗

12 Crossing town

Your French friend Sandra wants to visit another member of her exchange group who is staying on the other side of town. Look at the map below and write down some directions to get there by public transport.

Ecrivez chaque fois une phrase en français.

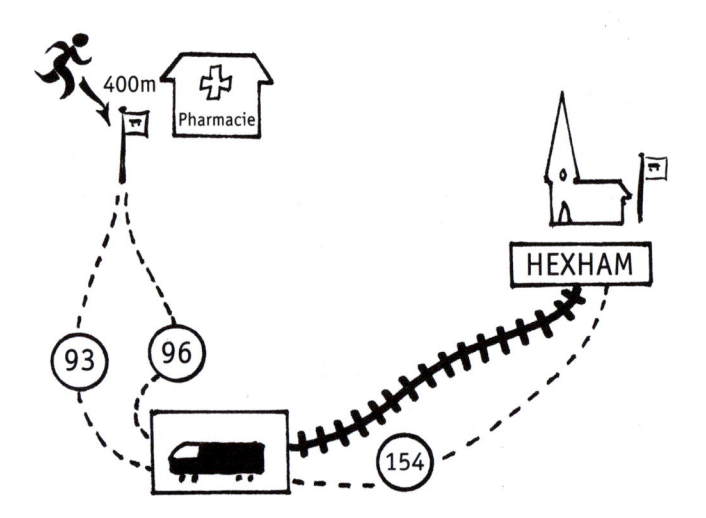

Donnez ces renseignements. Ecrivez chaque fois une phrase en français.
- *Décrivez la route pour aller chez sa copine en partant de chez vous. (Donnez toutes les possibilités.)*
- *Quelle est la meilleure route? Pourquoi?*

> *Tu ❶ sors de la maison et tu tournes à droite. L'arrêt d'autobus est en face de la pharmacie, à 400 mètres à peu près. Tu peux prendre soit ❷ le numéro 93, soit ❷ le numéro 96 jusqu'à la gare. Là, tu prends le train pour la gare d'Hexham ou bien tu prends l'autobus numéro 154 et tu descends à l'Abbaye. Mais en train, c'est beaucoup plus rapide. ❸*

Tips

❶ To give **instructions** you can use the *tu*-form of the **verb** (*tu prends...*), the *tu*-form command (*prends...*), or the verbs *pouvoir* and *devoir* (*tu peux prendre.../tu dois prendre...*).
❷ Use *soit ... soit* to give different possibilities.
❸ Use *plus* + **adjective** or *moins* + **adjective** to say which means of transport is faster, cheaper, more comfortable etc.

Now practise by drawing three plans and describing the route in French. You can use any means of transport you like!

AIDE

Prends Tu prends	l'autobus le tramway le métro le train	à la gare. à Hexham.
	la ligne 15 au centre-ville.	

Descends Tu descends	au centre commercial. à la gare routière. à la prochaine station. au troisième arrêt.

▷ C1

En train, En métro,	c'est (beaucoup)	plus rapide. plus pratique. moins cher.

▷ C3

Overlap (Foundation/Higher Tier)

13 A new house

▶ *Vous recevez du courrier de votre nouvel ami français.*

> Est-ce que tu habites en ville ou dans un village?
> Qu'est-ce qu'il y a pour les jeunes chez vous?
> Et quand il fait mauvais, qu'est-ce que tu aimes faire?
> Ecris-moi vite,
> Jean-Claude

Il vous pose des questions sur votre ville/village, sur vos amis et sur le temps. Ecrivez une réponse à Jean-Claude en français.

Répondez à ces questions:
- Ou habitez-vous maintenant?
- Etes-vous content de vivre ici? Pourquoi (pas)?
- Qu'est-ce que vous n'aimez pas chez vous?
- Quel temps fait-il aujourd'hui?
- Qu'est-ce que vous avez fait hier?
- Qu'est-ce que vous allez faire ce week-end?

Posez-lui:
- deux questions sur la ville/le village où il habite.

> Cher Jean-Claude,
> Depuis trois ans, nous habitons ❶ dans la banlieue de Leeds, une grande ville industrielle ❷ dans le nord de l'Angleterre. J'adore la ville parce que ❸ j'ai beaucoup de copains et on sort souvent le week-end. Mais je trouve les transports publics vraiment nuls ❹. Il n'y a jamais un autobus quand on veut aller en ville.
> Aujourd'hui, il fait super beau – il fait chaud et il y a du soleil. Hier, nous sommes allés ❺ au bowling et après dans un café. Ce week-end, j'irai ❻ à la mer avec ma famille pour ❼ faire de la planche à voile. ❽ Et toi, est-ce que tu habites près de la mer? Est-ce que tu habites une ville touristique ou plutôt industrielle?
> Amitiés, Nicola

Tips

❶ You could say how long you have been living there – use *depuis … ans* + present tense.
❷ Don't forget to give more than one piece of information – you could add **adjectives**, for example.
❸ Say what there is to do or see there, perhaps. ▷ B13
❹ Here's one way of giving your opinion about something. ▷ B8
❺ Use the **perfect tense** to describe what you did.
❻ You can use *aller* + infinitive or the **future tense** to say what you are going to do at the weekend.
❼ Use *pour* + infinitive to say what you're going there for.
❽ Notice how easy it is to ask questions using *Et toi, est-ce que tu …?*

✎ Now you write a similar letter in which you describe where you live.

AIDE

| Depuis 3 ans,
Depuis 1997, | nous habitons | dans la banlieue.
dans un village.
près de Leeds. | ▷ A4 |

| Je trouve | les transports publics
le centre sportif
le cinéma | nul(s).
affreux. | ▷ B8 |

| C'est | une | petite
grande | ville | touristique
industrielle
historique | avec | à peu près 500 000
presque 20 000
seulement 800 | habitants. |
| | un | vieux | petit village | | | | |

| Ce week-end, | j'irai | sur la côte
en ville
à Londres | pour | faire du shopping.
visiter un ami. | ▷ B13 |

unit three 43

Overlap (Foundation/Higher Tier)

14 Invitation

▶ *Vous recevez une invitation de la part de votre amie française.*

> Si tu veux, tu peux passer les vacances de Noël chez nous à Grenoble. Ça pourrait t'intéresser, peut-être, de célébrer les fêtes en France. Qu'est-ce que tu en penses? Ça te plairait?
> Ta copine,
>
> Sandra

Elle vous propose de passer les vacances de Noël chez elle en France. Ecrivez une réponse à Sandra en français.

Dites:
- *que vous acceptez avec plaisir.*

Décrivez:
- *vos projets de voyage (quand et comment?)*

Posez-lui:
- *deux questions sur les fêtes de Noël en France.*

Répondez à ces questions:
- *Qu'est-ce que vous avez fait l'an dernier à Noël?*
- *Qu'est-ce que vous allez offrir comme cadeaux à votre famille?*

Posez-lui:
- *deux questions sur le temps qu'il fait à Grenoble en hiver.*

AIDE

Je te remercie pour / Merci bien de	ta lettre / ton invitation	que j'ai reçue	ce matin. / hier.

▷ p7

Je voudrais bien / Ça me plairait de	passer	une petite semaine / les fêtes	en France.
			chez toi.

Je	peux / pourrais	prendre	l'Eurostar / l'avion	de Londres à Paris.

Chez nous,	on mange	toujours / en général	de la dinde rôtie. / du rôti de boeuf.

> Chère Sandra,
> Je te remercie de ton invitation – je l'ai reçue ce matin. J'en ai été très heureuse et je voudrais bien passer les fêtes de Noël ❶ chez toi. Ça serait super! ❷ Je peux partir le 21 décembre et je vais prendre l'avion de Londres à Lyon. Est-ce que ton père pourrait venir me chercher à Lyon, comme cet été?
> Qu'est-ce que vous faites d'habitude à Noël? ❸ Est-ce qu'il y a un grand repas le 25 décembre? Chez nous, on mange toujours de la dinde rôtie avec des légumes variés. J'adore ça!
> Je vais offrir à ❹ ma mère des savonnettes et de l'eau de toilette, et pour mon père, j'ai déjà acheté une jolie cravate à rayures. Quel temps fait-il ❺ en général chez vous en hiver? Est-ce qu'il y aura ❻ de la neige?
> Gros bisous
>
> Julia

Tips

❶ Often 'Christmas' is referred to as *les fêtes de Noël*.
❷ This is one way of saying 'it would be great!' ▷ B8
❸ You could ask about Christmas traditions such as food, presents, Christmas trees, church, TV etc.
❹ *Offrir à* means to give something as a present to somebody.
❺ Use the **present tense** if you're asking about the weather in general.
❻ Use the **future tense** if you want to ask what the weather will be like when you're there.

A Now you write a reply accepting Sandra's invitation but using different ideas.

B Rewrite your letter, this time saying that you are unable to accept the invitation and explaining why. ▷ p8

C Using some of what you have already written for exercises A and B, write a letter to Sandra inviting her to spend Christmas at your house, and telling her something about the way your family normally celebrates.

Ça serait	cool. / génial.

▷ B8

Je vais offrir à	ma mère / mon frère	des savonnettes. / un jeu d'ordinateur.

▷ C8

Est-ce qu'il	y a de la neige? / fait froid?

▷ C6

Overlap (Foundation/Higher Tier)

15 Visiting Belgium

▶ Vous recevez une carte postale de votre ami belge.

Salut Dominic,
J'espère que tu vas bien maintenant. Est-ce que tu as déjà réservé ton billet pour ton voyage à Bruxelles? Comment voyageras-tu? En train ou en avion? Dis-le nous et mon père viendra te chercher à la gare ou à l'aéroport. Est-ce que ça sera la première fois que tu voyageras tout seul?
A bientôt,
Matthieu

Il vous demande si vous avez déjà fait une réservation pour votre voyage à Bruxelles le mois prochain. Ecrivez une réponse à Matthieu en français.

Dites:
- si vous allez bien maintenant
- comment vous allez voyager jusqu'à Bruxelles.

Expliquez:
- pourquoi vous voulez prendre l'avion/le train.

Décrivez:
- le voyage – donnez les horaires et les correspondances etc.

Répondez à ces questions:
- A quelle heure arriverez-vous à Bruxelles?
- Est-ce qu'on doit venir vous chercher à la gare/l'aéroport?
- Est-ce que ça sera la première fois que vous voyagerez tout(e) seul(e)?

Cher Matthieu,
Merci de ta carte. Ça va mieux aujourd'hui. ❶ *La fièvre est partie vendredi mais je suis toujours un peu enrhumé. J'ai déjà acheté mon billet: je prendrai* ❷ *l'Eurostar de Londres à Bruxelles – c'est direct! Je veux voyager en Eurostar parce que je n'ai jamais* ❸ *vu le tunnel sous La Manche. Ma mère va me conduire à la gare de Waterloo. Il y a un train qui part à 15h00 et qui arrive à Bruxelles à 19h00,* ❹ *heure locale. Est-ce que vous pourriez venir me chercher* ❺ *à la gare? J'aurai une grande valise, et ça sera la première fois que je voyagerai tout seul. J'ai un peu peur!*
Merci et à bientôt,
Dominic

Tips

❶ Last time you wrote, you were ill – say how you are feeling now.
❷ You could practise using the future tense *je prendrai…/je voyagerai*.
❸ Give a reason using *ne … jamais* perhaps.
❹ Note how to write the time in French – and *heure locale* is the local time.
❺ Here *chercher* means 'to meet' or 'to pick up'.

✎ Now you write a similar reply to Matthieu's postcard, but make up a different route and give different details.

AIDE

| La fièvre / La douleur | est partie vendredi mais | j'ai toujours mal à la tête. je suis toujours enrhumé. | ▷ A14, A15 |

| J'ai déjà | acheté mon billet / réservé une place | sur l'Eurostar. |

| Je partirai / J'arriverai | le 2 avril à 15h00. / le 2 avril à 19h00. | ▷ B1 |

| Est-ce que vous pourriez venir me chercher à | la gare / l'aéroport / la gare routière | à 19h00? | ▷ C1 |

unit three 45

Overlap (Foundation/Higher Tier)

16 Left behind

▶ *Vous avez oublié votre portefeuille à l'hôtel en France. Vous écrivez une lettre au directeur de l'hôtel.*

Répondez aux questions suivantes en français:
- *Quand avez-vous séjourné à l'hôtel?*
- *Avec qui?*
- *Qu'avez-vous perdu?*
- *Où avez-vous laissé le portefeuille?*
- *Dans quelle chambre étiez-vous?*

Décrivez:
- *votre portefeuille (au moins deux détails)*
- *comment on peut vous renvoyer votre portefeuille.*

Tips

❶ Remember it's a formal letter, so choose an appropriate way to start and finish. ▷ p6–9
❷ Notice how to give the exact period you were there – *pour les nuits du 2 au 4 août.*
❸ *Je me suis aperçu(e)* means 'I realized …'
❹ Describe where you left something using a preposition + an item of furniture e.g. *dans la commode, sur l'étagère.* ▷ A5
❺ If you can't remember the room number you could say which floor, what was next door or opposite, etc.
❻ You could give the colour, say what it is made of, or say what is inside. ▷ B7, C9
❼ Here's how to let someone know how to get in touch with you 'at the above address'.
❽ Here's how to say that you will pay for any postal expenses incurred.

Monsieur le Directeur,❶
Je faisais partie d'un groupe scolaire qui a séjourné dans votre hôtel les nuits du 2 au 4 août.❷ Au moment de monter sur le ferry pour Douvres, je me suis aperçu❸ que je n'avais plus mon portefeuille. Je pense l'avoir laissé dans la commode❹ de la chambre dans laquelle j'ai dormi (au numéro 12, je crois, au premier❺ étage). Il n'est pas de grande valeur, mais il y a deux billets de 200 francs et quelques papiers importants dedans❻. J'espère qu'une femme de chambre l'aura peut-être trouvé.

Dans ce cas, je vous serais très reconnaissant de bien vouloir faire un petit paquet et de me l'envoyer à l'adresse ci-dessus❼. Je vous rembourserai, bien-sûr, les frais de port.❽

Veuillez agréer, Monsieur le Directeur, l'assurance de mes salutations les meilleures.❶

Charles Shepherd

❗ Now you write a letter reporting something you have left behind. Choose one of the items below:
a a pullover
b a wristwatch
c an expensive souvenir

AIDE

Je faisais partie d'un groupe scolaire	qui	est resté	dans	votre hôtel votre auberge de jeunesse votre camping	pour les nuits du 2 au 4 août.
J'étais avec trois amis		sont restés			

Je pense avoir laissé	mon portefeuille ma montre	dans l'armoire. sur l'étagère.	▷ E4

La chambre dans laquelle j'ai dormi était	au	premier étage. deuxième étage.
		à côté de l'ascenseur. au fond du couloir.

▷ A4

Il Elle	est	en	argent. cuir rouge.
			marqué(e) à mon nom. de la marque *Swatch*. ▷ C9

J'espère	qu' une femme de chambre l'aura que vous l'aurez	trouvé(e).

Il Elle	est n'est pas	de grande valeur,	et mais	il y a	deux billets de 200F des papiers importants	dedans.

Je vous serais très reconnaissant(e) de	me faire un petit paquet me l'envoyer à l'adresse ci-dessus.

Je vous rembourserai, bien sûr, les frais de port.

▷ p9

46 The world around us

17 Town and country

Dans un magazine français, vous lisez des lettres écrites par des jeunes sur le thème: la vie en ville ou à la campagne.

> J'habite à la ferme. Il y a un village à 3 km, mais pour faire du shopping, aller au cinéma etc., il faut aller en ville. Il n'y a rien ici.

> En ville, c'est la misère. Les gens sont malheureux, il y a trop de circulation, trop de pollution, trop de touristes l'été. On est bien à la campagne.

> J'habite avec ma mère et mes trois frères dans une HLM dans la banlieue de St. Etienne. Pour ma mère, c'est dur car il n'y a pas d'ascenseur et nous habitons au 4ème étage.

> J'aime la vie à la montagne, mais notre village se trouve à 12 km de la ville, et il n'y a que trois autobus par jour. En hiver, quand il neige, on est souvent obligé de rester à la maison.

> Je mets tous les jours au moins une heure pour aller à l'école. En plus, tous mes copains habitent en ville.

> J'habite dans un quartier de la ville où il y a beaucoup de problèmes – le chômage, le vandalisme, les vols de voitures, les cambriolages. Je ne veux pas rester ici.

Continuez ce dialogue entre deux jeunes sur le thème: la vie en ville ou à la campagne. Dans ce dialogue, vos deux personnages discutent des sujets suivants:
- *les magasins*
- *les loisirs*
- *la nature et l'environnement*
- *les transports publics*
- *les copains*
- *la santé.*

| Virginie: | Oui, il y a pas mal d'inconvénients à habiter une grande ville, mais je ne supporterai jamais de vivre, comme toi, à la montagne. |
| Pascal: | Ecoute, c'est vrai que, pour aller dans les grands magasins … |

Tips

- Decide who is going to present which point of view.
- Contrast each point of view with an opposing argument.
- Use the ideas and structures from the letter extracts opposite.
- Give examples to illustrate your views, e.g. say what happened yesterday, what you plan to do at the weekend, etc.
- Finish by saying something general about the way things have changed, developments for the future, etc.

AIDE

| J'habite | à la ferme / à la montagne / un petit village | mais il y a | une ville / un supermarché | à 5 km. | ▷ C1 |

| Pour | aller au cinéma, faire les courses, | il faut | prendre le train. / aller en ville. | ▷ B13 |

| Il n'y a pas | d'ascenseur. |
| Il n'y a que | trois magasins. |

| Il y a trop de | circulation. / touristes. |

| En hiver, / En été, | | on est souvent obligé de rester à la maison. | |
| Quand | il neige, / il fait chaud, | | ▷ C6 |

Higher Tier

18 Accident report

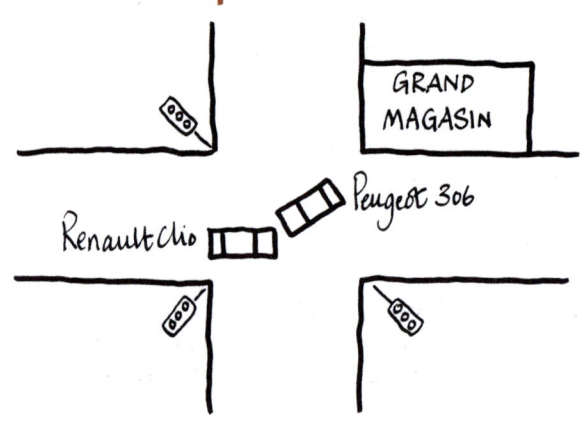

Tips

1. You should use the **imperfect tense** to describe what you were doing before the accident or to describe the weather.
2. Don't forget to give two details, e.g where you were, what you were doing, what you had just done.
3. All makes of car are feminine in French, e.g. *la Mercedes, une Opel Vectra*.
4. You could say what the drivers did or didn't do, e.g. drove too fast, used a mobile phone, didn't stop at the lights, didn't indicate, didn't pay attention.
5. Make it clear which driver you are talking about, e.g. *le conducteur de la Clio, la conductrice de la Renault*.

▶ *Vous êtes témoin d'un accident de la route entre une Renault Clio bleue et une Peugeot 306 blanche. Vous aidez la police à faire un rapport en français et un plan de l'accident.*

Donnez:
- *des détails sur vous même (nom, âge, nationalité, etc.)*

Dites:
- *ce que vous faisiez au moment de l'accident*
- *le temps qu'il faisait à ce moment-là*
- *comment, à votre avis, l'accident s'est produit*
- *votre réaction.*

Répondez à ces questions:
- *Est-ce que les conducteurs des deux voitures se sont fait mal?*
- *Combien de temps resterez-vous en France?*

> Je m'appelle Stephen Higgs, j'ai 16 ans et je suis britannique. J'étais ❶ en ville pour faire du shopping et je venais de sortir du grand magasin ❷ au carrefour au moment de l'accident. Il y avait ❷ du brouillard et les rues étaient glissantes après la pluie de ce matin. Le feu de signalisation était vert, mais la Peugeot 306 ❸ blanche n'a pas signalé pour tourner à gauche. Le conducteur de la Renault Clio ❸ n'a pas fait attention ❹ et il n'avait pas le temps de s'arrêter. J'ai essayé d'ouvrir la portière pour l'aider, mais c'était coincé. Seul le conducteur de la Clio ❺ était blessé; il avait mal au bras.
>
> Je resterai encore trois jours en France avant de rentrer au Pays de Galles.

A Write the report using the same prompts but with different information.

B Now draw a similar sketch of an accident and write a report using the same prompts as in the example.

AIDE

Au moment de l'accident,	j'étais assis à l'arrêt d'autobus. je venais de sortir de la boulangerie. je faisais du lèche-vitrine. il y avait du brouillard.
	il faisait très noir et la route était — glissante. / verglacée. / couverte de neige.

▷ C6

Le conducteur de la Peugeot	roulait trop vite. voulait tourner à gauche. ne pouvait pas s'arrêter.

Le conducteur de la Renault	n'a pas fait attention. n'a pas signalé. n'a pas vu le cycliste. ne s'est pas arrêté.

Le conducteur La conductrice	était blessé(e). s'est fait mal à la jambe. avait mal au bras. était sans connaissance. n'avait pas de blessure.

▷ A17

The world around us

19 Festival time

▶ *Vous trouvez cet article dans le magazine de l'école de votre ami(e) quand vous êtes en France.*

La Fête du Pain

Chaque été, vers le 15 août, il y a une fête importante dans notre village: c'est la Fête du Pain. Cette fête remonte au début du 18ème siècle et c'est l'occasion de célébrer ce qu'on mange tous les jours – c'est-à-dire, le pain. Le dimanche après le 15 août, toutes les familles du village montent par la forêt, à pied ou à cheval, jusqu'au Col de Cochemin à 2000 mètres d'altitude. Là, on rejoint les villageois qui vivent de l'autre côté de la montagne. Quand tout le monde est là, le Prêtre met son habit noir et il y a une messe en plein air.

Après la messe, on reprend le chemin vers le sommet du Grand Châtelard. Il reste encore 300 mètres, mais une fois là-haut, la fête peut commencer. Chaque famille amène un petit casse-croûte (du saucisson, du fromage, des fruits, du vin etc.), et le boulanger de chaque village distribue son pain. S'il fait beau, il y a une superbe vue sur les autres montagnes. C'est un joli endroit pour un pique-nique!

L'après-midi, il y a des démonstrations de pratiques traditionnelles (la fabrication du fromage, la sculpture du bois, la récolte du foin, par exemple) et des compétitions sportives entre les filles et les garçons des deux villages. Mais il faut toujours faire attention au soleil, parce qu'à 2300 mètres d'altitude, on prend vite un coup de soleil. L'année passée, je n'ai pas mis de crème et la descente au village, le soir, n'était pas évidente!

✎ *Vous écrivez un article pour ce magazine sur le thème: les fêtes traditionnelles en Grande Bretagne.*

Répondez à ces questions en français:
- *Comment s'appelle la fête?*
- *Quelles sont les origines de cette fête?*
- *Où et quand a lieu la fête?*
- *Qu'est-ce qu'il y a à manger et à boire?*
- *Est-ce qu'on porte des vêtements particuliers?*
- *Qu'est-ce qu'il y a comme animations?*

Racontez:
- *ce qui vous est arrivé l'année passée.*

Tips
- If you can't write about a local festival, you could always choose a national one such as Guy Fawkes' Night or Halloween.
- Attractions might include traditional music and dancing, perhaps handcrafts or a fun-fair.
- Describe an incident, real or imagined.

AIDE

C'est	une fête une tradition	importante très ancienne	qui	remonte au date du	moyen âge. 17 ème siècle.

Il y a	des démonstrations de pratiques traditionnelles. des animations pour les enfants. des concours entre les villageois.

4 The world of work

Area of Experience D The topics covered in this unit are:
- Further education and training
- Careers and employment
- Advertising and publicity
- Communication

1 Job ads

Job Vacancies

1. Urgently wanted – to work in Department Store
2. Opportunity for young person to work in Hotel Reception
3. We are looking for a Waiter/Waitress
4. Wanted – for work in Petrol Station
5. Opportunities to work at McDonald's
6. We require a young person to work in our Office
7. Urgently needed to work Saturdays in Butcher's Shop
8. Busy city centre bar requires new Bar Staff
9. Wanted – young person to help with gardening
10. Bookshop – part-time opportunity for young person
11. We are looking for Chambermaids to work in city centre hotel
12. Hairdresser's assistant required – Saturdays only

A Look at the part-time jobs advertised above. In French describe two jobs which you might like to do, and two which you would definitely not apply for. ▷ D1, D2

✓	✗
....	....
....	....

Exemple: *un emploi chez McDonald's*

B Now see how many of the remaining jobs you can list.

2 Kinds of work

For each of the categories of work listed below, try to find four different jobs. You can use your dictionary and your imagination for the last group!

le travail en plein air	le travail au contact des gens	le travail en uniforme	le travail de vos rêves
maçon	....	....	....
....	....	....	....
....	....	....	....

50 The world of work

3 Job application

▶ Look at the job adverts again on page 50. Imagine you were applying for one of those jobs whilst in France. You decide to fill in a form to register your interest and experience.

Poste:	*serveuse*
Nom de famille:	*SMITH*
Prénom(s):	*EMILY*
Date de naissance:	*12 mars 1985*
Lieu de naissance: ❶	*Manchester, Grande Bretagne*
Caractère:	*honnête, souriante* ❷
Expérience pratique:	*serveuse dans un café* ❸
Connaissance des langues:	*anglais, français, espagnol*
Loisirs:	*tennis, musique*
Quand pouvez-vous commencer?	*à partir du 1ᵉʳ juillet* ❹
Comment peut-on vous contacter?	*tél/fax: ++44 161 2737994*

A Now you choose one of the jobs from page 50, then copy and complete the form with details about yourself.

Donnez chaque fois les renseignements en français.

Tips
❶ Place of birth.
❷ Describe a couple of your positive qualities. ▷ B6
❸ Say where you have worked previously.
❹ Use *à partir du...* to show you can start from that date.

B Choose a different job and fill in the form on behalf of one of your friends.

4 Future plans

▶ You are writing to your French friend, and in part of your letter you say what plans you have for the future.

Donnez ces renseignements. Ecrivez chaque fois une phrase en français.

- *Quelles sont vos matières préférées à l'école ?*
- *Qu'est-ce que vous aimez faire pendant vos heures de loisir?*
- *Quelle est votre profession préférée?*
- *Est-ce qu'il y a une profession que vous ne voulez pas faire?*
- *Pourquoi? (Donnez deux raisons.)*

Mes matières préférées à l'école sont l'histoire et le français. J'aime jouer au hockey ❶ et je vais deux fois par semaine ❷ à la piscine. Je voudrais travailler comme institutrice ❸ dans une école primaire. ❹ Mais je ne veux pas travailler dans un lycée; c'est trop grand et il y a trop ❺ d'élèves.

Tips
❶ Remember to use *jouer à* for sports and *jouer de* for musical instruments. ▷ B11–12
❷ You could say how often you do something – *deux fois par semaine*. ▷ B2
❸ Many jobs done by women have a feminine ending, e.g. -euse, -ice, -ère. ▷ D1
❹ You can say where you want to work – *dans une école primaire* or what job – *comme institutrice*.
❺ *Trop de* means 'too much' or 'too many'.

▶ Now you write a reply describing your own plans.

AIDE

Je veux Je voudrais Je ne veux pas Je ne voudrais jamais	travailler	dans un bureau. chez MacDo. aux PTT.

▷ D2

Je veux Je voudrais Je ne veux pas Je ne voudrais jamais	devenir	mécanicien(-ne). professeur.

▷ D1

Je ne veux pas Je veux	travailler	avec des enfants. des animaux. en plein air.

unit four 51

Overlap (Foundation/Higher Tier)

5 School and future

▶ *Vous recevez une lettre d'un ami français.*

> *Est-ce que tu aimes ta nouvelle école? Combien de matières différentes as-tu? Et les examens? Ça commence bientôt, n'est-ce pas? Est-ce que tu vas quitter l'école après?*
> *Amitiés,*
> *Richard*

Il vous pose des questions sur votre nouvelle école et sur vos projets d'avenir. Ecrivez une réponse en français à votre ami, Richard.

Décrivez:
- votre nouvelle école.

Répondez à ces questions:
- *Combien de matières préparez-vous pour les examens?*
- *Quand aura lieu le premier examen?*
- *Qu'est-ce que vous allez faire après les examens?*
- *Qu'est-ce que vous voulez devenir dans la vie? Pourquoi?*
- *Qu'est-ce que vous ne voulez pas faire dans la vie? Pourquoi?*

Posez-lui:
- *une question sur ses projets d'avenir.*

> Cher Richard,
> Je suis maintenant dans un grand collège dans le sud de l'Angleterre. ❶ Il y a plus de 2000 élèves! J'ai dix matières en tout. Ça fait beaucoup, n'est-ce pas? Mon premier examen, la biologie (berk!), sera le 23 avril. ❷ Après les examens, je vais passer deux semaines en Espagne avec mes copains. Je ne veux pas retourner à l'école pour continuer mes études. ❸ J'espère faire une formation dans le tourisme, pour travailler plus tard dans une agence de voyages. J'adore voyager et voir des pays différents. Surtout, je ne veux pas ❹ travailler dans une grande entreprise où l'on fait tous les jours les mêmes choses. Et toi, qu'est-ce que tu veux faire dans la vie? ❺ Tu veux travailler à l'étranger?
> Ecris-moi bientôt,
> Rachel

Tips

❶ You could mention its size, buildings or position in the town, for example.
❷ Say when the first exam is, then add one more detail, e.g. which subject or when the last one is.
❸ You can say you want to carry on studying (*continuer les études*), that you want to leave school (*quitter l'école*) or go to a training college (*aller dans une école professionnelle*).
❹ Here you have to say what you definitely do not want to do (*surtout, je ne veux pas …*).
❺ You could enquire about specific jobs, training courses or university, for example.

✎ Now you write a reply giving information about your future plans.

AIDE

L'année prochaine, Après les examens,	je veux	voyager un peu. continuer mes études. quitter l'école. aller dans une école professionnelle.

J'espère	aller	à l'université dans une école professionnelle	pour faire un stage en sciences naturelles.
	faire	une formation	dans le tourisme. en restauration. en informatique.

Surtout, je ne veux pas	retourner à l'école. travailler dans un bureau. travailler à l'étranger. travailler avec les jeunes.

▷ D2

The world of work

6 Summer job

▶ *Regardez cette annonce.*

```
Cherchons garçon/fille pour travailler l'été
dans le magasin Intersport. Renseignez-vous:
Philippe Delacroix, Intersport, 73330 Les
Karellis tel: 04.79.57.42.36 e-mail:
intersport.karellis@wanadoo.fr
```

Vous cherchez un travail pour cet été en France.

Répondez à ces questions en français:
- *Où avez-vous trouvé l'annonce?*
- *Comment êtes-vous? (Donnez au moins trois détails sur votre caractère/vos passe-temps.)*
- *Pourquoi est-ce que cet emploi en France vous intéresse? (Donnez deux raisons.)*
- *Qu'est-ce que vous avez déjà fait comme travail?*
- *Combien de temps pourrez-vous rester en France?*

Posez des questions sur:
- *les heures du travail.*
- *le logement.*

From: daniel.merton@aol.com
Date: 10 mars
To: intersport.karellis@wanadoo.fr
Subject: poste vacant

Cher Monsieur Delacroix, ❶

J'ai trouvé votre annonce sur Internet ❷ et je vous écris à propos du poste vacant dans votre magasin Intersport. Je m'appelle Daniel Merton, j'aurai 17 ans au mois de juin et je suis passionné de sport, surtout de sport d'hiver et d'escalade. ❸ Je voudrais passer quelques semaines en France, cet été, pour perfectionner mon français ❹ et pour découvrir un peu les Alpes. Pour l'instant, je travaille tous les samedis au rayon des articles de sports d'un grand magasin à Glasgow en Ecosse, et de temps en temps, j'aide mon père à servir les clients dans sa station-service. Je pourrais commencer ❺ chez vous à partir du 1er juillet ❻ et je voudrais rester en France jusqu'à la fin août.

Pourriez-vous me préciser les heures de travail? Est-ce qu'il y aura un jour de congé par semaine? Est-ce qu'il y aura la possibilité de trouver une chambre avec quelqu'un dans la station?

J'espère que vous pourrez donner suite favorable à ma demande et vous prie d'agréer, Monsieur, mes salutations distinguées.

Daniel Merton

Tips

❶ Remember to use a formal approach for this type of correspondence.
❷ You saw the advertisement on the internet (*sur Internet*), perhaps, or in a newspaper or magazine.
❸ You could give your name, age next birthday, describe your personality or your hobbies, for example.
❹ You could say you want to improve your French, or perhaps you have friends in the area.
❺ You could use the **conditional tense** here: 'I would be able to start work on...'
❻ *A partir du 1er juillet* means 'from 1st July'.

✎ Now write the e-mail along the same lines, this time using information about yourself. You will have to give different details about previous jobs, hobbies, holiday dates, etc.

AIDE

| J'ai | lu vu trouvé | votre annonce | sur Internet. dans le journal. dans la vitrine d'un magasin. |

| Je suis passionné(e) | de sport d'escalade | et j'apprends le français depuis cinq ans. |

| Je voudrais travailler en France pour | perfectionner mon français. découvrir un peu la région. |

| Ce travail m'intéresse beaucoup Je suis très intéressé(e) par ce travail | car | j'adore le sport. j'aimerais beaucoup travailler dans un magasin. |

| Pour l'instant, je travaille | une fois par semaine tous les samedis | au rayon des articles de sport. dans un café. |

▷ B2, C7

| Pourriez-vous me préciser | les heures de travail? le salaire? |

Higher Tier

7 Restaurant work

Le Capucin Gourmand

73330 Villargondran

Restaurant gastronomique – Spécialités savoyardes

Bar – Epicerie

Terrasse avec vue panoramique
ouvert t.l.j. (réservations)
tel: 04 79 59 91 06

▶ *Pendant les vacances, vous avez passé trois semaines dans ce restaurant. Ecrivez un rapport en français sur votre travail et vos expériences.*

Décrivez:
- *le restaurant. (Donnez au moins deux détails.)*
- *comment vous-êtes allé chaque jour au travail.*
- *vos collègues.*
- *votre travail. (Donnez au moins deux détails.)*

Répondez à ces questions:
- *Combien avez-vous gagné?*
- *Qu'est-ce que vous avez fait avec votre argent?*
- *Est-ce qu'il y avait des problèmes?*
- *Est-ce que vous allez y retourner l'année prochaine?*

Le restaurant du Capucin Gourmand se trouve ❶ dans un petit village, au pied de hautes montagnes de la Maurienne, à 4 km de la ville de St. Jean de Maurienne. Le restaurant est magnifique ❷. La cuisine et les vins sont d'une très bonne qualité, et les menus ne sont pas trop chers. Chaque matin, j'allais à pied ❸ au travail, et le soir, le chef de cuisine me ramenait en voiture. Les cuisiniers et les serveuses étaient gentils et très accueillants. ❹ Tout le monde a fait un effort pour parler doucement et pour m'apprendre des choses. Le matin, je travaillais ❺ dans la cuisine et après les repas, je débarrassais ❺ les tables et je faisais ❺ la plonge. J'ai gagné 250FF ❻ par jour. Je n'ai rien dépensé pour les repas, car on mangeait toujours au restaurant le midi et le soir. Avec l'argent que je pouvais économiser, j'ai acheté des habits ❼ et je suis beaucoup sortie les jours de congé. Il n'y avait pas de gros problèmes; ❽ pourtant au début je ne savais pas ouvrir les bouteilles de vin. Quelle honte! ❾ Mais j'espère y retourner pour travailler l'année prochaine.

Tips

❶ Use *se trouver* and say where it is near to (*pas loin de…*), or give a distance from the nearest town, e.g. *à 5 km de …*

❷ You could describe the building, the view or even the food, perhaps.

❸ By bicycle or tram? Remember to use *en* + means of transport unless you're on foot (*à pied*). ▷ C3

❹ You might mention their nationality, if they were young or old, friendly or not.

❺ Say what you 'used to do' e.g. washing-up, serving in the restaurant, cooking, cleaning, etc. using the **imperfect tense**.

❻ Notice how to say 250 francs per day – *250FF par jour*.

❼ A holiday, clothes (*des habits*), or an expensive meal, perhaps.

❽ You could say that you injured yourself or that you lost something important.

❾ Some useful expressions: *par mégarde* = by mistake, *quelle honte!* = how embarrassing!

A Now write the report yourself using different ideas. Perhaps your stay was not such a positive experience!

B Write a report on similar lines using one of the jobs advertised on page 50 as the starting point.

AIDE

Le restaurant se trouve	à côté de l'autoroute. au bord d'un lac. au nord de la ville. à 5 km de la gare.

▷ C5

J'allais	en vélo. à pied.	Je prenais	le métro. le train.

Le fromage La pizza	était	(très)	bon. bonne
Les vins Les spécialités savoyardes	étaient		bons. bonnes.

▷ A6

Mes collègues	étaient	amicaux/amicales. accueillant(e)s. serviables.

▷ B6

Je	devais pouvais	desservir les tables. faire la plonge. préparer les desserts.

▷ A7

Au début, je	ne savais pas ouvrir les bouteilles. ne connaissais pas le nom des vins.

The world of work

Higher Tier

8 What's my line?

▶ *En classe, vous faites le jeu: 'Quel est mon métier?' Vous décrivez un métier, mais vous ne dites pas le nom de ce métier. C'est à vos camarades de deviner le métier que vous avez choisi.*

Je suis une femme de 37 ans. On ne peut pas dire que je travaille en plein air, mais presque! En tout cas, je ne travaille pas dans un bureau, et je fais partie d'une petite équipe ❶. J'ai quitté le lycée à l'âge de 18 ans, après avoir étudié les maths, la physique et le français. Ensuite, j'ai dû faire une assez longue formation; il fallait passer beaucoup d'examens avant de commencer mon travail ❷. Mes horaires sont très irréguliers et souvent très longs. ❸ Parfois, je dois travailler la nuit. Cela dépend de l'endroit où je suis, parce que je voyage beaucoup!

Je suis très fière de mon uniforme bleu foncé et normalement, je porte aussi une casquette ❹. Souvent, dans mon travail, j'utilise l'ordinateur, alors j'ai eu une formation en informatique. Aussi, de temps en temps, je suis obligée de parler et de comprendre les langues étrangères. ❺

Le pire: ❻ que c'est souvent un travail stressant et même parfois dangereux.

Le mieux: ❻ mon travail m'a permis de faire plusieurs fois le tour du monde.

PILOTE

Tips

● Think carefully about the order in which you give your clues. Start with general things, save specific details for the end.
❶ Do you work indoors or outdoors? With other people or alone? In town or in the country?
❷ Do you need qualifications or training?
❸ What is your working day like? Regular hours? Shift work? Early start?
❹ What do you wear? A uniform? Special clothes? A suit and tie? A dress? A hat?
❺ What kind of work is it? Manual work? Selling? Repairing? Writing? Work with computers?
❻ Give the worst and the best aspects of your job? Pay? Holidays? Is it dangerous?

✎ Now choose one of the jobs below and write a similar description.

a mécanicien/mécanicienne
b infirmier/-ière
c coiffeur/coiffeuse
d moniteur/monitrice de ski

AIDE

Je travaille	toujours d'habitude	tout seul. au contact des gens. en plein air. en ville. à la campagne.

J'ai quitté	le lycée le collège	et ensuite, j'ai fait	une formation. un stage. une licence.

Mes horaires sont	réguliers irréguliers	et	je travaille uniquement l'hiver. je travaille souvent la nuit.

▷ B2

C'est un métier	pour tout le monde. surtout pour les jeunes. et pour les hommes et pour les femmes.

Je ne porte ni	un uniforme, ni un complet. une veste, ni une cravate.

Je porte	des vêtements	élégants. de sport.
	des bleus de travail. des gants.	

▷ C7

J'ai besoin	d'un ordinateur. de mes mains. d'un véhicule pour travailler.

Je (J')	vends répare fabrique enseigne	quelque chose.

Je ne (n')	vends répare fabrique enseigne	rien.

Je gagne Je ne gagne pas	bien ma vie. beaucoup d'argent.

unit four 55

5 The international world

Area of Experience E The topics covered in this unit are:
- Life in other countries/communities
- Tourism
- Accommodation
- The wider world

1 Countries

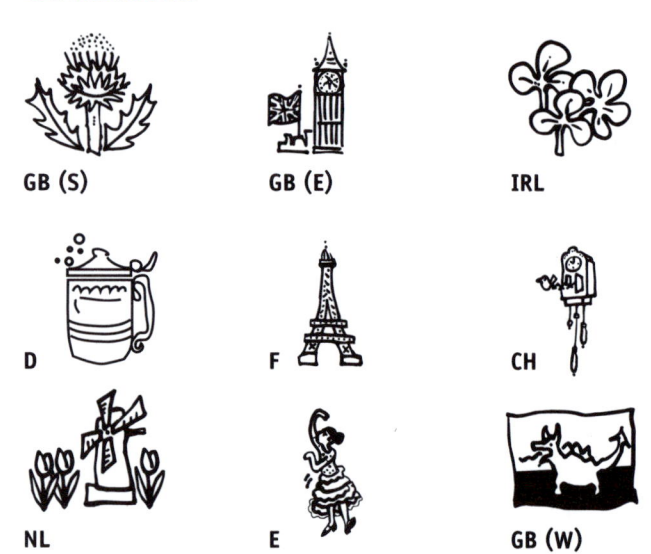

GB (S)   GB (E)   IRL
D   F   CH
NL   E   GB (W)

A Look at the countries represented by the pictures above. Write the name in French for four of them. How many of the others can you also write accurately?

Exemple: la France

CHECKLIST
✓ You don't have to give the gender for each country, but it would be good practice. Remember that most countries are feminine, but check carefully to find the ones which aren't. ▷ E1

B Next to each of the countries you recognised above write the word you would use to describe something which comes from that country. ▷ E1

Exemple: la France – français

2 Advertising poster

▶ You are going to design an advertising poster to attract people to spend their holidays in one of the countries listed above.

Donner ces renseignements. Ecrivez chaque fois une phrase en français.
- *Quel temps fait-il normalement dans ce pays?*
- *Qu'est-ce qu'il y a à voir?*
- *Qu'est-ce qu'on peut manger/boire comme spécialité locale?*
- *Quel est le meilleur moyen de transport pour visiter ce pays?*
- *Qu'est-ce qu'il faut acheter comme souvenir?*

> **VISITEZ ❶ LES PAYS BAS! ❷**
> Il fait souvent beau.
> Vous pouvez voir les champs de tulipes. ❸
> On peut déguster le fromage. ❹
> Vous pouvez faire du vélo. ❺
> Comme souvenir, achetez ❶ du fromage. ❻

Tips
❶ To give commands in the plural, just use the *vous*-form in the **present tense** without the word *vous*.
❷ Remember to check which countries are masculine, feminine or plural.
❸ You could suggest visiting a historic city or a well-known monument.
❹ Try to think of a type of food or drink typical for this country – *déguster* means 'to taste' or 'to sample'.
❺ Just put one way of travelling around there.
❻ What product is the country famous for?

▶ Now design an advertisement to promote a different country.

AIDE

Visitez	le Portugal. les Pays Bas.
▷ E1

Vous pouvez visiter	la capitale historique. la célèbre Tour Eiffel.

On peut déguster	du vin. du fromage. des fruits de mer.
▷ A8–12

Comme souvenir,	achetez cherchez	des chocolats. du fromage.
▷ C8

Foundation Tier

3 Holiday snaps

Choose one of the pictures. In French write a list of four adjectives you might use to describe the holiday and how you feel. ▷ B5, B8

Exemple: ennuyeux, déçu

4 Holiday postcards

▶ Look at the first picture again. You are spending a few days in Paris and decide to write a postcard to your pen-friend.

Donnez ces renseignements. Ecrivez chaque fois une phrase en français.
- *Où êtes-vous en vacances?*
- *Avec qui êtes-vous en vacances?*
- *Quel temps fait-il?*
- *Comment allez-vous?*
- *Combien de temps restez-vous en France?*

Salut Catherine,
Je suis dans un café, à Paris, avec ma famille. ❶
Il pleut et il y a du vent. J'ai froid ❷ *et j'en ai marre.* ❷ *Nous restons* ❸ *jusqu'à demain.*
Bisous, Pamela

Tips

❶ You could put both details in one sentence if you want to.
❷ When describing how you feel, remember to use the verb *avoir* in expressions like *j'ai froid* and *j'en ai marre*.
❸ You can use either the **present tense** (*nous restons…*) or the **future tense** (*nous allons rester/nous resterons…*).

A Now you write the postcard.

CHECKLIST

To change as many details as possible you could:
✓ give the name of a different town or region in France.
✓ say which members of the family or which friends you are with. ▷ B9
✓ say why the weather is bad – snow, fog, rain, wind, etc. ▷ C6
✓ say you have toothache, flu, stomach ache, etc. ▷ A14
✓ give a number of days or a fixed date (*encore deux jours, jusqu'au 21 août*).

B Look at the second picture. This time you are staying in a ski resort. Write a postcard in French using the same prompts as above.

AIDE

Je suis dans	un café une station de sports d'hiver	à Paris dans les Vosges	avec	ma famille. mes copains.	▷ B9	J'ai	froid. mal à la tête. la grippe.

Nous	restons allons rester resterons	jusqu'à la fin de la semaine. jusqu'à vendredi prochain. encore trois jours.	▷ B2

Je suis	fatigué(e). malade.	▷ B5

▷ A14

J'en ai marre!	▷ B5

unit five

Foundation Tier

5 Packing

A You are going on a camping holiday with your friends in France. Add to the list in French four more things you intend to pack.

lampe de poche
....
....
....
....

CHECKLIST
✓ Think of vocabulary to do with camping equipment, or suitable clothing and food.

B Now make a list of four essential items for each of these types of holiday:
  a a ski trip
  b the school exchange
  c a beach holiday.

6 Lost property

▶ You have lost something whilst on a visit to Paris and need to fill in a lost-property form.

Donnez ces renseignements. Ecrivez chaque fois une phrase en français.
- *Comment vous appelez-vous?*
- *Où restez-vous à Paris?*
- *Qu'avez-vous perdu?*
- *Où l'avez-vous perdu(e) exactement? Quand? (date/heure)*
- *Décrivez ce que vous avez perdu. (Donnez au moins deux détails.)*

Nom de famille:	JONES
Prénom(s):	Martin
Addresse:	Hôtel Gare du Nord ❶
Objet perdu:	un sac de couchage
Lieu:	dans le métro ❷
Date/heure:	le mercredi 10 avril, entre 15h00 et 15h30 ❸
Description:	bleu et vert, marqué à mon nom ❹

Tips
❶ A hotel or youth hostel, perhaps.
❷ You could say 'at the station/museum' or 'in the bus/underground'.
❸ Notice how to give the day, date and an approximate time.
❹ Give two simple details – colours, contents of a bag or coat pocket, for example.

▶ Now complete the form with information of your own.

AIDE

une valise	
un sac de couchage	
un portefeuille	▷ E4

C'est	un sac de couchage bleu et vert.	
	un portefeuille en cuir brun.	
	marqué(e) à mon nom.	▷ B7, C9

dans le métro	
à la gare	
entre la poste et l'hôtel	▷ C1

Il y a	des photos	
	deux billets de 100F	à l'intérieur.
	des timbres anglais	

The international world

Foundation Tier

7 On holiday

A On a youth hostelling holiday in France you begin playing a game with your French friends. The game involves finding words in French for things you would expect to find in a youth hostel beginning with the letters of places you have visited. Complete the list below using the letters B-R-E-S-T. You can, of course, include the contents of your rucksack or the kitchen cupboards – if you get stuck! In each case the first few letters have been given to help you.

```
Bag _ _ _ _ _
Res _ _ _ _ _ _ _
Esc _ _ _ _ _ _
Sac _ _  _ _ _ _ _ _ _
Tél _ _ _ _ _ _
```

B Now try to find different words linked to a youth hostel beginning with the letters of these places.

a CANCALE
b QUIMPER

▷ A4, A5, A8–13, C7, C8, E3, E4, or practise using a dictionary.

8 In a youth hostel

▶ You are staying in a youth hostel in France. You decide to send a postcard to your French friend.

Donnez ces renseignements. Ecrivez chaque fois une phrase en français.
- *Où êtes-vous en vacances?*
- *Avec qui êtes-vous en vacances?*
- *Qu'est-ce qu'il y a à voir?*
- *Combien de temps restez-vous en France?*
- *Décrivez l'auberge de jeunesse. (Donnez au moins deux détails.)*

> Salut Alain!
> Je suis à Cancale, ❶ en Bretagne. ❷ Je suis en vacances avec mes parents et mon frère. Le marché aux poissons est super. ❸ Nous restons encore cinq ❹ jours ici. L'auberge de jeunesse et très confortable et pas loin de la mer. ❺
> A bientôt,
> Graham

Tips

❶ Remember to use *à Cancale, à Quimper* to say which town you are in.
❷ You could say which part of France you are in – *en Bretagne, en Provence* etc. ▷ E2
❸ Mention something unusual and give an opinion about it.
❹ *Encore cinq jours* makes it clear that you are staying another five days.
❺ You could mention facilities, the type of building, or describe its position.

Now write the postcard using ideas of your own.

AIDE

Je suis	à Quimper	dans le nord-ouest de la France.
	en Bretagne.	

▷ E2

Le vieux port La plage Le marché aux poissons	est	super. incroyable. génial(e). magnifique.

▷ B8

L'auberge de jeunesse	est très confortable. se trouve dans une vieille tour. est située au bord de la mer.

unit five 59

Overlap (Foundation/Higher Tier)

9 Favourite recipes

Les ingrédients: trois sortes de fromage (du Beaufort, de l'Emmental, du Comté) 250 gr. par personne, une bouteille de vin blanc, de l'ail, du pain.
C'est tout - bon appétit!
Gros bisous,
Céline

Vous recevez la recette de la fondue savoyarde de votre amie française. Vous écrivez une réponse et vous joignez à votre lettre une recette d'une spécialité britannique.

- Donnez votre réaction à sa lettre.

Répondez à ces questions en français:
- Comment s'appelle la spécialité que vous allez décrire?
- Quels en sont les ingrédients?
- Combien de temps faut-il pour préparer ce plat?
- Quand est-ce qu'on le mange normalement?
- Que boit-on avec ce plat?
- A quelle occasion avez-vous mangé ce plat récemment?

Dites:
- quelle recette vous allez joindre à votre prochaine lettre.

Tips

❶ Say if you tried your friend's recipe and give an opinion.
❷ List the ingredients using *du, de la, des…*
❸ 'For breakfast' is *comme petit déjeuner*, 'for lunch' is *comme repas du midi or à midi* and 'for the evening meal' is *comme repas du soir*.
❹ What does one normally drink with it?
❺ *Quel délice!* means 'what a delicacy!'
❻ You have to use the English name – there are some things you can't translate!
❼ Here's how to ask 'Do you know what that is?'

Chère Céline,
Merci beaucoup pour ta lettre avec la recette de la fondue savoyarde. Nous l'avons dégustée hier soir - c'était délicieux! ❶
Je vais maintenant te décrire une spécialité britannique qui s'appelle 'English breakfast'. Les ingrédients sont simples: ❷ *des oeufs, du bacon, des champignons, des tomates, des saucisses et du pain. Il faut à peu près vingt minutes pour préparer ce plat. Nous le mangeons souvent le week-end comme petit déjeuner,* ❸ *mais en fait, on peut le manger toute la journée. Normalement, avec cela, on boit du thé au lait ou une tasse de café.* ❹
Après dix jours en France avec mes parents cet été, la première chose que j'ai mangée sur le ferry de Calais à Douvres était un 'English Breakfast'. Quel délice! ❺ *Dans ma prochaine lettre, je vais t'expliquer comment faire un 'Ploughman's Lunch'.* ❻ *Tu sais ce que c'est?* ❼
A très bientôt,
Angus

Now you write a similar reply. Instead of the English breakfast you could choose to write about:
a a Ploughman's Lunch
b a fish and chip supper
c bangers and mash
d Toad-in-the-Hole
e something particular to your area of the country.

AIDE

| Nous avons dégusté la fondue savoyarde hier soir. | | C'était | délicieux/très bon. dégueulasse/un désastre. |

Ce n'était pas mal.

| Je vais te décrire une spécialité | britannique/anglaise écossaise/du Yorkshire | qui s'appelle | Toad-in-the-Hole. haggis, neaps and tatties. |

| Il faut | au moins une heure à peu près 20 minutes | pour préparer | ce plat. ce repas. | | Normalement, | on le mange comme | petit déjeuner. repas du midi. repas du soir. |

| Avec cela, on boit normalement | une tasse de thé. du vin rouge. | ▷ A12 | | As-tu déjà | goûté essayé | 'bangers and mash?' 'Ploughman's Lunch?' |

The international world

Overlap (Foundation/Higher Tier)

10 Hotel reservation

▶ *Vous avez trouvé sur Internet quelques informations sur un hôtel en France. Ecrivez un fax en français au directeur de l'hôtel pour faire une réservation.*

Répondez à ces questions ;
- *Comment avez-vous trouvé le nom de cet hôtel?*
- *Quels sont vos projets pour les vacances?*
- *Vous faites une réservation pour combien de nuits? (Donnez les dates d'arrivée et de départ.)*
- *Et pour combien de personnes (adultes/enfants)?*
- *Quelles sortes de chambres voulez-vous réserver?*

Posez-lui:
- *deux questions sur l'hôtel.*

Tips

❶ Use this form of address if you only know the title of the person you are writing to.
❷ It's best to state what you plan to do using *avoir l'intention de* + **infinitive**.
❸ Make it clear how many nights you wish to stay and on which dates.
❹ Note how to say 'there will be four of us'.
❺ Say how many people altogether, then specify if they are adults, children, boys or girls as appropriate.

Facsimile Cover Sheet

To:	Hotel Plein Sud	From:	Famille Taylor
Phone:	++33 42 563567	Phone:	++44 113 267 2045
Fax:	++33 42 564567	Fax:	++44 113 267 4992
Date:	jeudi 30 mars		

Monsieur le Directeur,❶
J'ai trouvé quelques informations sur votre hôtel sur Internet. J'ai l'intention❷ de passer une semaine à Valloire avec ma famille au mois de juillet pour découvrir la région. Je voudrais réserver deux chambres du 17 au 23 juillet, soit sept nuits.❸ Nous sommes quatre personnes❹, deux adultes et deux enfants❺. Il nous faut❻ une chambre pour deux personnes avec salle de bains et une chambre à deux lits. Veuillez me faire savoir❼ s'il y a un restaurant et un parking à l'hôtel.
   Nous vous prions d'agréer, Monsieur le Directeur, l'assurance de nos sentiments les meilleurs.❽
Mark Taylor

❻ *Il nous faut ...* means 'we require ...'
❼ Try to phrase questions politely e.g. 'could you please let us know whether ...' or 'we would like to know if ...' ▷ p8
❽ Choose an appropriate way to end the fax. ▷ p9

✎ Now write the fax using details about your own family.

AIDE

| Je désire
Nous avons l'intention de | faire un tour en vélo
passer une semaine à Valloire
visiter l'Alsace | cet été.
au mois de juin. | ▷ B1 |

| Je voudrais | retenir
réserver | deux chambres du 17 au 23 juillet. | ▷ E3 |

| Nous serions | quatre personnes.
un groupe de quatre adultes.
deux enfants.
deux filles et deux garçons. |

Je voudrais réserver une chambre	à deux lits.		
	pour	deux personnes. une personne.	
Il nous faut une chambre	avec	douche. salle de bains.	▷ E3

| J'aimerais bien savoir
Veuillez me faire savoir | s'il y a un restaurant dans l'hôtel.
si la gare est à proximité. | ▷ C1 |

unit five

Overlap (Foundation/Higher Tier)

11 Reservation by e-mail

▶ *Ecrivez un courrier électronique en français pour réserver un emplacement dans un camping.*

From: michelle.borthwick@compuserve.com
Date: 18 March
To: camping.lacblanc@wanadoo.com
Subject: réservation

Monsieur/Madame,
Nous avons l'intention de faire un circuit cet été en Ardèche et de passer trois nuits du 15 au 17 août dans votre camping. Nous serons ❶ cinq personnes, trois garçons et deux filles. Il nous faudra un emplacement ombragé pour deux tentes et une voiture.

Nous vous serions reconnaissants de bien vouloir confirmer la réservation par courrier électronique, de nous envoyer vos tarifs et de répondre aux questions suivantes:
- Y a-t-il une piscine et une alimentation dans votre camping?
- A quelle distance se trouve la ville la plus proche?

Recevez, Monsieur/Madame, mes respectueuses salutations.
la famille Borthwick

✎ Now write an e-mail based on the example, this time using the booking requirements above.

Tips
● For help with setting out a reservation look at the tips on ▷ p61.
❶ You can use the **future tense** as well as the **present tense** here.

AIDE

Nous voulons faire	un tour un circuit	dans les Vosges en Ardèche	cet été. cet hiver. au mois d'avril.		▷ B1

Nous aurons besoin de (d') Il nous faudra	un emplacement deux emplacements	ombragé(s) au bord du lac éloigné(s) du bar	pour	deux tentes. une caravane avec branchement électrique.	▷ E3

Nous vous serions Je vous serais	reconnaissant(e)s de	confirmer la réservation. répondre aux questions suivantes par courrier électronique. me joindre des dépliants sur votre camping et les alentours.	▷ p8

The international world

Overlap (Foundation/Higher Tier)

12 Europe quiz

▶ *Vous écrivez un quiz pour le site Internet de votre école. Pour chaque catégorie, vous devez écrire une question. (Cherchez des informations dans un atlas, une encyclopédie ou sur Internet, si vous voulez.)*

a *la ville capitale*
b *un fleuve*
c *une marque de voiture*
d *une spécialité du pays*
e *une frontière*
f *une star*
g *un monument*
h *la langue/les langues d'un pays*
i *un lac*
j *des vêtements/costumes typiques*

Tips

❶ It's easiest if you have one-word answers.
❷ You could ask the name of the longest river, or ask which country/countries a particular river is in. ▷ E2
❸ Remember that cars are feminine in French.
❹ *Avoir une frontière commune* means 'to share a border'. You could also ask how many borders a country has. ▷ E1
❺ Choose a well-known person, living or dead, and ask where he/she was born.
❻ Note how to say 'the longest …' or 'the deepest …' using *le plus* …
❼ Think of national costumes or items of clothing and colours one associates with a particular country.

EUROPE-QUIZ

a Quelle est la capitale du Danemark? *Copenhague* ❶
b Dans quel pays d'Europe se trouve la source du Danube? ❷ *L'Allemagne*
c La Saab et la Volvo ❸ sont des voitures _____ . *Suédoises* ❸
d Quel pays d'Europe est connu pour ses tulipes et ses moulins? *Les Pays Bas*
e Avec quel pays le Portugal a-t-il une frontière commune ❹ ? *L'Espagne*
f Pour quel pays joue la joueuse de tennis Mary Pierce? ❺ *La France*
g Vous êtes dans le tunnel routier le plus long ❻ d'Europe. Entre quels pays roulez-vous? *La France et L'Italie*
h Quelle est la langue principale de l'Autriche? *Allemand*
i Où se trouve le lac le plus profond ❻ du monde? *En Russie*
j Dans quel pays les hommes d'affaires portent-ils traditionnellement un chapeau melon? ❼ *L'Angleterre*

✎ Now you make up ten questions, one on each topic. Don't forget to give the answer as well. Remember, you could use an atlas, an encyclopedia or even the Internet to find ideas and information for your quiz.

AIDE

Quel / Quelle	est …?
Quels / Quelles	sont …?

Quel fleuve …?
Quel langue …?
Dans quel pays …?
Comment s'appelle …?
Qui …?
Avec qui …?
Quand …?
En quelle année …?
Combien de …?
Pourquoi …?

unit five

Higher Tier

13 Asking for information

A *Vous allez passer quelques jours en France. Ecrivez une lettre au Syndicat d'Initiative de Reims, en demandant les renseignements suivants.*

Reims
* leaflet about region
* list of hotels
* champagne production
* map of town
* list of monuments
* anything special on 14 July?
* shops open on 14 July?

Tips

❶ Here's a neat way of saying that you are intending to visit the area.
❷ Practise using these phrases for letters requesting information such as this.
❸ Here's how to say 'I would also like to know if ...'
❹ You may need to use the **future tense** if you are talking about something which will happen when you are there.

B Now choose one of the towns or regions below and write to the *Syndicat d'Initiative* there, making sure to include the appropriate requests in your letter.

Marseille
* leaflet
* list of restaurants
* city transport
* windsurf hire
* shops open at Easter

Val de Loire
* list of campsites
* castles
* museums
* bicycle hire
* map of area

Bordeaux
* list of hotels (not too expensive)
* train timetable: Bordeaux-Paris
* map of town
* info about wine/vineyards
* list of swimming pools

Huddersfield, le 12 mai

Madame,

En vue d'un séjour à Reims et ses alentours, ❶ je vous serais obligé de bien vouloir m'adresser ❷ quelques dépliants, concernant les hôtels et les caves de Champagne en particulier. Veuillez aussi m'envoyer ❷ un plan de la ville et une liste de monuments historiques de la région. Je voudrais également savoir ❸ s'il y aura ❹ une animation dans la ville le 14 juillet. Est-ce que les magasins seront ouverts ce jour-là?

Avec mes remerciements pour votre obligeance, je vous prie d'agréer, Madame, mes sincères salutations.

M. Oswald

P.J.: Vous trouverez ci-joint une enveloppe pour la réponse avec quelques timbres pour les frais de port.

AIDE

En vue d'un séjour	à Reims, en Bretagne, dans votre région,	je vous serais obligé(e) je vous prie de bien vouloir	m'adresser m'envoyer	quelques dépliants brochures informations

Veuillez	m'envoyer m'addresser	aussi	un plan de la ville. une liste de restaurants.	▷ p8

concernant | les hôtels
les caves | en particulier.

Je voudrais également savoir	s'il y aura une animation ... si l'on peut faire des visites guidées ... quels sont les horaires du marché.	▷ B13

The international world

Higher Tier

14 What a disaster!

▶ *C'est la fin des vacances scolaires. Vous avez reçu cette lettre de votre amie française. Son voyage en Angleterre était un désastre.*

> Le pire, c'est que quelqu'un a volé le sac-à-main de ma mère. Il y avait tout son argent, ses cartes de crédit et nos passeports à l'intérieur. Aussi, nous avons eu pas mal de problèmes à la douane de Douvres. Ma mère a dit qu'elle n'ira plus jamais en Angleterre!
> Ecris-moi de tes nouvelles et raconte-moi ce que tu as fait pendant les vacances.
> Bonne rentrée,
> Sylviane

Ecrivez une réponse en français à Sylviane.

- Donnez votre réaction à sa lettre.

Répondez aux questions suivantes:
- où avez-vous passé les vacances? Avec qui?
- où avez-vous logé?

Décrivez:
- le voyage
- un problème
- quelque chose que vous avez bien aimé
- ce que vous voulez faire l'année prochaine.

> Chère Sylviane,
> ❶ Je suis désolé que vos vacances chez nous en Angleterre se soient ❷ mal passées. Mais j'espère au moins que tu viendras avec ta mère une autre fois.
> Nos vacances dans le sud du Portugal n'étaient pas terribles non plus. ❸ Nous sommes partis en famille avec des voisins qui ❹ ont une résidence secondaire au bord de la mer là-bas. Le voyage en avion s'est bien passé; aucun problème à l'aéroport. Mais une fois arrivés, ❺ nous avons cherché la voiture de location que mon père avait réservée, ❻❼ mais il n'y en avait pas. Quelle horreur! Nous avons dû prendre le taxi jusqu'à l'appartement - un trajet de 50 km. Les adultes n'étaient pas contents, mais personne ne parlait portugais pour se plaindre. ❽ ❾
> Au village, pourtant, il y avait la possibilité de louer des motos, alors on est sortis tous les jours en moto ou en mobylette. C'était génial! L'année prochaine, j'aurai ❿ 17 ans, et je pourrai ❿ donc louer une moto moi-même.
> Bonne rentrée et passe le bonjour à ta mère de ma part,
> Ton ami,
> George

Tips
❶ Say you're sorry that it wasn't a great holiday, then ask a question, perhaps, or invite her to stay with you.
❷ If you begin with *je suis désolé(e) que ...*, you will have to use the **subjunctive**.
❸ *... n'étaient pas terribles non plus* means '... weren't exactly brilliant either'.
❹ Notice how to use a **relative pronoun** to explain a little bit more about who you went with.
❺ Here's how to say 'once we had arrived ...'
❻ You may need to use the **pluperfect tense** to describe something which 'had happened' before you left home, for example.
❼ Don't forget the agreement necessary after *que*.
❽ A problematical situation might involve a passport, a missed departure, an accident, a breakdown, bad weather, foreign languages, etc.
❾ *Se plaindre* means 'to complain'.
❿ Don't forget to use appropriate tenses to describe what you want to do next year.

✏ Now write a reply to Sylviane's letter.

AIDE

C'est dommage Je suis désolé(e)	que	tu n'aies pas passé de bonnes vacances	au Portugal. en Angleterre.	▷ E1
		tes vacances en Belgique se soient mal passées.		

Nous sommes partis en famille.		
Je suis parti(e)	avec mon beau-père qui a une résidence secondaire au bord de la mer. avec des voisins qui connaissent bien la France.	▷ B9

unit five 65

Higher Tier

| Nous | avons
avions | loué
réservé | un gîte
un appartement
une caravane | au bord de la mer.
à Venise.
à la montagne. |

▷ E3

| Pendant le voyage, | mon frère a perdu son passeport.
ma soeur est tombée malade. |

| Une fois arrivés | nous avons cherché une voiture de location.
nous sommes allés directement au gîte. |

| Quelle horreur! Notre | camping
hôtel
gîte | était situé | à 10 km de la mer.
à côté l'autoroute. |
| | | était plein de moustiques.
n'avait pas d'eau chaude. |

| L'année prochaine, | j'aurai …
je pourrai …
je prendrai …
je n'irai pas … |

▷ C5

15 A stay in a hotel

▶ *Vous avez passé une semaine dans un hôtel en France. Ecrivez une lettre en français à la directrice de l'hôtel. Votre lettre peut être positive ou négative, mais vous devez mentionner les points suivants:*
- vos vacances en France
- la situation de l'hôtel
- l'accueil/le service
- votre chambre
- le restaurant
- les tarifs
- n'oubliez pas de commencer et de terminer votre lettre avec les formules nécessaires.

Madame la Directrice,

J'ai le regret de vous informer que je n'étais pas du tout satisfaite de mon séjour à votre hôtel la semaine passée. Votre région nous a beaucoup plu, on a tous trouvé le paysage, avec ses petits villages, magnifique. ❶ *Mais votre hôtel ne répondait pas du tout à notre attente.*

❷ *Vous ne nous aviez pas dit que l'hôtel était situé à côté de l'autoroute en construction et qu'il fallait une heure à pied pour aller au centre-ville. Quant à l'accueil, la réceptionniste était sympathique mais franchement inefficace, et les femmes de chambres étaient très impolies envers ma mère, qui ne parle pas français. De plus, la chambre n'avait pas de balcon, comme précisé dans notre lettre de réservation, et pendant deux jours, la douche ne fonctionnait pas du tout. Les assiettes et les verres dans votre restaurant étaient sales. Comble de malheur,* ❸ *ma mère a découvert un cafard dans son repas du soir!* ❹

Il est vrai que la semaine n'était pas chère – 100 F la nuit. ❺ *Mais on s'attendait à trouver quand même un minimum de confort et de service. J'espère que vous ne tarderez pas à nous rembourser une partie du prix de notre séjour. Sinon, je me verrai dans l'obligation de m'adresser à un avocat.*

En vous remerciant d'avance de l'attention que vous porterez à notre lettre, je vous fais part, Madame la Directrice, de l'assurance de mes respectueuses salutations. ❻ ❼

Patsy Hall

Tips

❶ What might have left a positive/negative impression – the local food? the people? the weather?
❷ In the first exercise you will have to describe the room in a positive way with all its good features, e.g. quiet, comfortable, magnificent view, beautiful furniture, etc.
❸ Here's how to say 'and to make matters worse…'
❹ You could mention particular meals here.
❺ Give the price or make a comparison with another hotel you stayed in.
❻ For the first exercise you don't need to worry too much about the end of the letter – just combine a formal ending with an appropriate 'thank you' phrase. ▷ p9

Higher Tier

7 In the second exercise practise using these phrases to make your letter sound authoritative and convincing.

A First write a positive letter covering the same points as in the example, in which you thank the manageress for making your stay in her hotel so memorable.

B Now write a letter covering the same points, but this time your experience was even more disastrous than in the example. You wish to complain about everything - the wasps in the wardrobe, the dishonest waitress, the faulty central heating, the noise from the motorway, the dangerous lift, etc.

AIDE

| J'ai le regret de vous informer que | je n'étais pas du tout satisfait(e) / nous n'étions pas tout à fait satisfait(e) | de | mon séjour en Bretagne / nos vacances à votre hôtel | cet été. | ▷ p8 |

| Ces quelque lignes pour vous dire que j'étais | très content(e) / tout à fait satisfait(e) | de mon séjour / de mes vacances | à votre hôtel la semaine dernière. | ▷ p7 |

L'hôtel était situé à côté d'une autoroute bruyante.

| La fenêtre / Le balcon | de notre chambre donnait sur | une forêt magnifique. / une jolie place. | ▷ C5 |

| Les serveuses / Les femmes de chambres | étaient / n'étaient pas | très poli(e)s. / inefficaces. / dignes de confiance. / excellent(e)s. | | Votre ville / Votre paysage / Votre région | avec | ses petits cafés / ses lacs et ses montagnes / ses jolis villages | nous a beaucoup plu. |
▷ B6

| Notre chambre / La salle de bains | était | une merveille. / un scandale. / une honte. / sale. / propre. | | La réceptionniste / Le service | était / n'était pas | très efficace. / amicale. / affreux/-se. | ▷ B6
| | avait une vue | sur la mer. / sur les poubelles. | ▷ A4 |

| Pendant | tout notre séjour, / trois jours, | le téléviseur / la douche / l'ascenseur | ne | marchait / fonctionnait | pas. | ▷ A5 |

Vocabulary by topic

Area of Experience A

1 At school

la matière subject
la matière préférée favourite subject
l'allemand (m) German
le français French
l'espagnol (m) Spanish
l'italien (m) Italian
l'anglais (m) English
le latin Latin
la musique music
le dessin art
le théâtre / l'art dramatique (m) drama
l'histoire (f) history
la géo(graphie) geog(raphy)
les sciences science
la chimie chemistry
le physique physics
la biologie biology
les maths (f) maths
l'informatique (f) information technology
la technologie technology
la religion religion
le sport sport
l'athlétisme athletics
la gymnastique gymnastics

l'école maternelle (f) primary school
l'école (f) /le collège (m) school
le lycée grammar school
le C.E.S. secondary school
le lycée technique technical college
la salle de classe classroom
la bibliothéque library
le théâtre theatre
la piscine (chauffée) (heated) swimming-pool
le gymnase gymnasium
le court de tennis tennis court
le terrain de sport sports ground
la cour schoolyard
la cantine canteen/cafeteria
la salle des professeurs staff-room
le bureau the office

2 In the classroom

le professeur teacher
l'élève (m/f) student
la classe class
en troisième/seconde in year 10/11
en terminal in year 12

le cours lesson
le tableau (noir) (black)board
les devoirs (m) homework
le magnétophone à cassettes cassette recorder

le sac bag
le cartable satchel
la serviette briefcase
le classeur ring-binder, file
le livre text book
le cahier exercise book
le feutre felt pen
le crayon pencil
la gomme eraser
le stylo ballpoint pen
le bic biro
la règle ruler
le papier paper
le dictionnaire dictionary

3 Clothes and uniform

la chemise shirt
le chemisier blouse
la cravate tie
le pantalon pair of trousers
la jupe skirt
le manteau coat
les chaussures shoes
les chaussettes socks
le pull(over) sweater
le collant tights

4 Around the house

la maison house
la maison individuelle detached house
le pavillon de plain-pied bungalow
l'appartement flat
au rez-de-chaussée on the groundfloor
au premier/deuxième étage on the first/second floor
le grenier attic

la cuisine kitchen
le séjour living room
la salle à manger dining room
la salle de bains bathroom
la chambre bedroom
la porte door
la fenêtre window
le balcon balcony
l'escalier stairs
le jardin garden
le garage garage

une vue sur la rue a view of the road
une vue sur une usine a view of a factory
une vue sur une centrale électrique a view of a power station
une vue sur un champ d'épandage a view of a sewage works
une vue sur le jardin a view of the garden
une vue sur le bois a view of the wood
une vue sur le paysage a view of the countryside
une vue sur la montagne a view of the mountains

au nord/sud/à l'est/ouest de … in the north/south/east/west of …
près d'Exeter near Exeter
au centre-ville in the town centre
à la campagne in the country
à la montagne in the mountains
près de la mer near the sea
dans un village in a village
en banlieue in a suburb

5 Furniture and furnishings

la machine à laver washing machine
le lave-vaisselle dish washer
le frigo fridge/refrigerator
la cuisinière cooker
le four oven
le four à micro-ondes micro-wave (oven)
le congélateur freezer

la douche shower
la baignoire bath
le savon soap
la serviette towel
le sèche-cheveux hairdryer
les toilettes toilet

l'armoire (f) wardrobe
la couverture (bed) cover
l'ordinateur (m) computer
la commode chest-of-drawers
le lit bed
le canapé-lit sofa-bed
la table table
la chaise chair
la lampe lamp, light
les rideaux (m) curtains

le sofa sofa
le fauteuil armchair
la télé(vision) television
l'étagère (f) shelves

le papier peint wallpaper
le tapis carpet
le téléphone telephone
l'ascenseur (m) lift
le chauffage central central heating

6 Meals

le petit déjeuner breakfast
le déjeuner lunch
le goûter light mid-afternoon snack
le dîner dinner
à la carte set meal (in restaurant)
le menu menu
la carte des vins wine list
l'entrée (f) starter
le plat principal main dish
le dessert dessert

la viande meat (dish)
les légumes vegetables
le fromage cheese
les fruits fruit
la soupe soup
la salade verte green salad
la salade de tomates tomato salad
les crudités raw vegetables
le jambon ham
les pommes de terre potatoes
la glace ice-cream
le hamburger hamburger
la pizza pizza
les frites chips
les chips crisps

7 Jobs around the house

faire les lits to make the beds
mettre la table to lay the table
ranger la chambre to tidy the bedroom
balayer to sweep
nettoyer les fenêtres to clean the windows
laver la voiture to wash the car
nettoyer la salle de bains to clean the bathroom
passer l'aspirateur to vacuum
repasser les vêtements to iron clothes
vider le lave-vaisselle to empty the dishwasher
faire la vaisselle to wash the dishes
essuyer la vaisselle to dry the dishes
travailler dans le jardin to work in the garden

8 Food (general)

le beurre butter
le chocolat chocolate
la confiture jam
le fromage cheese
le gâteau cake
l'huile (f) oil
le poisson fish
le jambon ham
le lait milk

la moutarde mustard
les spaghettis spaghetti
l'oeuf (m) egg
la soupe/le potage soup

la tarte flan, tart
le sucre sugar
le pain bread
la baguette French stick
le riz rice
le sel salt
le poivre pepper
le vinaigre vinegar

la glace ice-cream
le yaourt yoghurt
la crème cream
la crème fraîche sour cream
les frites chips
le petit gâteau biscuit
le chewing-gum chewing-gum
les chips crisps
les bonbons sweets
les pralines chocolates

9 Fruit

les fruits fruit
la pomme apple
la banane banana
la poire pear
l'orange (f) orange
la cerise cherry
l'abricot (m) apricot
l'ananas (m) pineapple
le citron lemon

la datte date
la fraise strawberry
la figue fig
le melon melon
la pamplemousse grapefuit
la pêche peach
la prune plum
le raisin grape
la tomate tomato

10 Vegetables

la pomme de terre potato
le chou cabbage
le chou-fleur cauliflower
le chou de Bruxelles Brussels sprouts
la carotte carrot
le poireau leek
l'ail garlic
le champignon mushroom

le concombre cucumber
le haricot bean
le haricot vert French bean, runner bean
la salade verte green salad
la salade de tomates tomato salad
les carottes râpées grated carrots
l'oignon (m) onion
les petits pois (m) peas

11 Meat

l'agneau (m) lamb
le boeuf beef
le porc pork
le poulet (rôti) (roast) chicken
la dinde turkey
le saucisson (sliced) sausage
les crudités raw vegetables

12 Drinks

la boisson drink
le thé tea
le café coffee
l'eau minérale (f) mineral water
le vin (blanc/rouge) (white/red) wine
le coca cola
le jus de pomme apple-juice
le jus d'orange orange juice
le jus de fruits fruit juice
la bière beer
la limonade lemonade

13 Quantities and packaging

un kilo (de …) a kilo (of …)
un demi-kilo (de …) half a kilo (of …)
un litre (de …) a litre (of …)
un demi-litre (de …) half a litre (of …)
250 grammes (de …)
    250 grammes (of …)
une bouteille (de …) a bottle (of …)
un verre (de …) a glass (of …)
un tube (de …) a tube (of …)
un pot (de …) a jar (of …)
une boîte (de …) a box (of …)
un paquet (de …) a packet (of …)
une boîte (de …) a tin, can (of …)
un sac (de …) a bag (of …)
un morceau (de …) a piece, bit (of …)
une tranche (de …) a slice (of …)
une tasse (de …) a cup (of …)

14 Illness

la santé health
avoir la grippe to have flu
être enrhumé (e) to have a cold
avoir la diarrhée to have diarrhoea
avoir mal aux dents to have toothache
avoir mal à la tête to have a headache
avoir mal à la gorge to have a sore throat
avoir mal au ventre to have stomach-ache
avoir mal au genou to have a bad knee
avoir de la fièvre to have a temperature, fever

15 For how long?

depuis une demi-heure for half an hour
depuis une semaine for a week
depuis deux jours for two days
depuis un mois for one month

Vocabulary by topic

depuis ce matin since this morning
depuis février since February
depuis hier since yesterday
depuis Noël since Christmas
depuis la semaine dernière since last week
depuis mardi dernier since last Tuesday
depuis 1998 since 1998

16 Parts of the body

le bras arm
la jambe leg
la tête head
l'oeil (les yeux) (m) eyes
les oreilles (f) ears
le nez nose
la bouche mouth
la gorge throat, neck
le dos back
le ventre stomach
le genou knee
le pied foot
le doigt finger
la main hand
le dent tooth

17 Injuries

se faire mal à la tête to hurt one's head
se casser la jambe to break one's leg
se couper la main to cut one's hand
se blesser to hurt oneself
se faire une entorse à la cheville to sprain one's ankle
se brûler le doigt to burn one's finger

Area of Experience B

1 Seasons, months, days and holidays

au printemps in spring
en été in summer
en automne in autumn
en hiver in winter

janvier January
février February
mars March
avril April
mai May
juin June
juillet July
août August
septembre September
octobre October
novembre November
décembre December

lundi Monday
mardi Tuesday
mercredi Wednesday
jeudi Thursday
vendredi Friday
samedi Saturday
dimanche Sunday

2 When exactly?

le week-end at the weekend
le soir in the evening(s)
tous les samedis every Saturday
pendant les vacances in the holidays

aujourd'hui today
ce matin this morning
cet après-midi this afternoon
ce soir this evening
hier yesterday
hier matin yesterday morning
hier soir yesterday evening
avant-hier the day before yesterday
demain tomorrow
demain matin tomorrow morning
demain soir tomorrow evening
après-demain the day after tomorrow

vendredi on Friday
samedi matin on Saturday evening
mercredi soir on Wednesday evening
à deux heures et demie at 2.30
le matin in the morning(s)
le soir in the evening(s)

le samedi on Saturdays
trois fois par semaine three times a week
deux fois par an twice a year
tous les jours every day
toutes les semaines every week
tous les mois every month

toujours always
d'habitude usually
souvent often
normalement normally
quelquefois sometimes
de temps en temps occasionally, now and again
rarement rarely, seldom
ne … jamais never

Noël Christmas
le Jour de l'An New Year's Day
la Fête des Rois Epiphany
la Pentecôte Whitsun
Mardi Gras Shrovetide
Pâques Easter
la Pâque Juive Passover
Eid-ul-Fitr Eid
le Ramadan Ramadan

3 What exactly?

un grand defilé a big procession
un feu d'artifice a firework display
une excursion (à …) a trip (to …)
un marché aux puces a flea-market
une fête foraine a fair

4 Physical descriptions

grand big, tall
petit small, short
de taille moyenne medium-sized
mince slim/thin
gros fat
blond blond
roux/rousse ginger
joli pretty
beau/belle handsome, beautiful
laid ugly

avec des lunettes with glasses
avec une barbe with a beard
avec une moustache with a moustache
chauve bald

5 Feelings

fatigué tired
malade ill
en bonne santé healthy
fâché/en colère angry
content contented
heureux happy
triste sad

avoir faim to be hungry
avoir soif to be thirsty
avoir chaud to be hot
avoir froid to be cold
avoir peur to be frightened
avoir de la chance to be lucky
ne pas avoir de chance to be unlucky

6 Character and personality

amical friendly
sympa nice
drôle funny
heureux (se) happy
généreux (se) generous
indépendant independent
calme quiet
gentil kind
tolérant tolerant
compréhensif (ve) understanding
énergique energetic
intéressant interesting
honnête honest
courageux (se) brave, courageous
patient patient
fiable reliable
travailleur hardworking
sensible sensitive
responsable responsible

fier proud
riche wealthy
pauvre poor
ambitieux (se) ambitious

Vocabulary by topic

franc(he) frank
bavard talkative
mignon (ne) cute, sweet
seul alone, lonely
sportif (ve) sporty
optimiste optimistic
pessimiste pessimistic
timide shy
fou (folle) mad, crazy
triste sad

froid cold, unfriendly
arrogant arrogant
égoïste selfish
stupide stupid
méchant nasty, vicious
difficile difficult
bruyant noisy
mou (molle) 'wet'
ennuyeux boring
paresseux lazy
malhonnête dishonest
irresponsable irresponsible
impatient impatient
jaloux (se) jealous

7 Colours

blanc (he) white
noir black
rouge red
jaune yellow
vert green
bleu blue
orange orange

brun/marron brown
gris grey
rose pink
pourpre purple
mauve mauve
turquoise turquoise
violet violet
bleu clair light blue
vert foncé dark green
multicolore multi-coloured

8 Giving an opinion

surtout above all
assez fairly, quite
vraiment really
très very

génial great
bien good
intéressant interesting
important important
utile useful
formidable brilliant
cool cool
super super
fantastique fantastic
excellent excellent

amusant fun(ny)
pas mal not bad
facile easy

nul rubbish
moche rubbish
inutile useless
difficile difficult
pas marrant not much fun
affreux awful
mauvais bad
stupide stupid
ennuyeux boring

9 Family

la famille family
les parents parents
le père father
la mère mother
le fils son
la fille daughter
le bébé baby
l'enfant (m) child
le fils/la fille unique only son/daughter

le frère brother
la soeur sister
le jumeau, la jumelle twin
la tante aunt
l'oncle (m) uncle
le cousin male cousin
la cousine female cousin
le neveu nephew
la nièce niece

la grand-mère grandmother
le grand-père grandfather
les grands-parents grandparents
le petit-fils grandson
la petite-fille granddaughter
les petits-enfants grandchildren
le mari husband
la femme wife
le/la partenaire partner

le beau-père step-father
la belle-mère step-mother
le beau-frère step-brother
la belle-soeur step-sister
le beau-père father-in-law
la belle-mère mother-in-law
le beau-frère brother-in-law
la belle-soeur sister-in-law

10 Personal details

célibataire single
marié married
séparé separated
divorcé divorced
veuf (ve) widowed

11 Sport

jouer au football to play football
jouer au golf to play golf
jouer au tennis to play tennis
jouer au ping-pong/au tennis de table to play pong-pong/table-tennis
jouer au rugby to play rugby
jouer au hockey to play hockey
jouer au squash to play squash
jouer au badminton to play badminton
jouer au handball to play handball
jouer au volley to play volleyball
jouer au basket to play basketball
jouer aux boules/à la pétanque to play boule

faire du ski to go skiing
faire du patin à glace to go ice-skating
faire du patin à roulettes to go roller-skating/-blading
faire de l'athlétisme to do athletics
faire du vélo to go cycling
faire de l'équitation to go riding
faire du jogging to go jogging
faire de la planche à voile to go wind-surfing
faire de la voile to go sailing
faire de la natation to go swimming
faire de l'escalade to go climbing
faire du snowboard to go snowboarding
faire du parapente to go paragliding

danser to dance
aller à la pêche to go fishing
nager to swim

le stade stadium
la piscine swimming pool
la patinoire ice rink
le gymnase gymnasium
le complexe sportif sports centre
le terrain de sport sports ground, playing field
le terrain de golf golf course
la station (de ski) (ski) resort

12 Hobbies

l'art (m) art, painting
le dessin drawing
le jeu de société board-game
l'astronomie (f) astronomy
le jeu électronique/le jeu vidéo computer/video game

jouer à mon ordinateur to play with my computer
jouer aux cartes to play cards
jouer aux échecs to play chess

Vocabulary by topic

jouer d'un instrument de musique to play a musical instrument
jouer dans un orchestre to play in an orchestra

chanter dans un choeur to sing in a choir
écouter des CD/de la musique to listen to CDs/music
collectionner to collect
faire de la poterie to do pottery
faire du bricolage to do D.I.Y.
regarder la télé to watch T.V.
lire (des bandes dessinées) to read (strip cartoons)
peindre to paint
dessiner to draw

13 Going out

aller au cinéma to go to the cinema
aller au théâtre to go to the theatre
aller à la MJC to go to the youth club
aller au match de football to go to the football match
aller à la discothèque to go to the disco
aller à une boum/une fête/une soirée to go to a party
aller au zoo to go to the zoo
aller au cirque to go to the circus
aller au concert to go to a concert
aller à une exposition to go to an exhibition
faire de la randonnée to go hiking
faire du cyclotourisme to go on a cycling holiday

14 Where to meet

au fleuve at the river
à l'arrêt d'autobus at the bus-stop
sous le pont under the bridge
dans la cour in the school field/yard
devant/derrière le cinéma in front of/behind the cinema
devant/derrière la gare in front of/behind the station
à la MJC at the youth club
à la piscine at the swimming baths
devant l'hôtel de ville in front of the town hall

15 What's on TV and radio

l'émission (f) TV programme
la chaîne channel
les nouvelles news
la météo weather forecast
le film film
l'histoire (f) d'amour romance
le documentaire documentary
le feuilleton soap-opera
la série (TV) series

le dessin animé cartoon
le jeu télévisé game show
le spectacle comique T.V. comedy
le talk-show chat show
l'émission (f) de sports sports programme
l'émission de musique music programme
le spectacle de variétés variety show
la publicité advert
l'émission de radio radio programme
en direct live

16 Pets and other animals

l'animal (m) pet
le chien dog
le chat cat
le cheval (aux) horse
le poney pony
le serpent snake
le lapin rabbit
le cochon d'Inde/le cobaye guinea-pig/cavey
le hamster hamster
la tortue tortoise, turtle
la perruche budgerigar
le canari canary
le perroquet parrot
l'araignée (f) spider
le poisson (rouge) (gold)fish

la grenouille frog
le crapaud toad
le hérisson hedgehog
le pic woodpecker
le papillon butterfly
le castor beaver

le singe ape, monkey
l'ours (m) bear
le chimpanzé chimpanzee
l'hippopotame (m) hippopotamus
le lion lion
le tigre tiger
le rhinocéros rhinoceros
l'éléphant (m) elephant

l'aigle (m) eagle
l'autruche (f) ostrich
le hibou owl
la mouette seagull
la cigogne stork
le requin shark
la baleine whale
le morse walrus

Area of Experience C

1 Places in town

le centre-ville town centre
la bibliothèque library
la cathédrale cathedral
le château castle
le théâtre theatre
la discothèque discotheque
le stade stadium
le jardin public public gardens, park
le centre sportif sports centre
l'église (f) church

l'office du tourisme/le syndicat d'initiative information office
la gare (centrale) (main) station
la gare routière bus station
la piscine swimming baths
les sapeurs-pompiers fire station
le commissariat/la gendarmerie police station
l'hôpital (m) hospital
l'hôtel de ville (m) town hall
le musée museum
l'université (f) university
le cinéma cinema
le marché market

le pont bridge
le fleuve river
le monument monument
la rue street
l'autoroute (f) motorway
la place square
les feux (m) traffic lights
le rond-point roundabout
le carrefour crossroads
le coin (de la rue) (street) corner
le passage à niveau level crossing
la cabine téléphonique telephone box
la zone piétonne pedestrian precinct

le supermarché supermarket
le magasin shop
le grand magasin department store
la pâtisserie cake shop
la boucherie-charcuterie butcher's
l'épicerie/l'alimentation (f) grocer's store
le marchand de primeurs greengrocer's
la boulangerie baker's
la pharmacie chemist's
la poste post office
l'hôtel (m) hotel
l'auberge de jeunesse (f) youth hotel

2 When was it built?

en 1963, on a construit le pont ... was built
en 1979, on a ouvert le centre sportif ... was opened
en 1985, on a développé le vieux quartier ... was redeveloped
en 1946, on a restauré la cathédrale ... was restored
en 1996, on a rénové le théâtre ... was renovated
en 1998, on a fermé le cinéma ... was closed down

Vocabulary by topic

3 How shall we get there?

en voiture by car
en avion by plane
en métro by tube/metro
en tramway by tram
en camion by lorry
en taxi by taxi
en cyclomoteur by moped
en ferry by ferry
en autobus by bus
en autocar by coach
en train by train
en TGV by Inter-City train
à pied on foot

l'arrêt d'autobus bus-stop
la station de métro underground station
le parking car park
l'aéroport airport
la station-service petrol station

4 Parts of the car

le moteur engine
le pneu tyre
le pot d'échappement exhaust
les feux (m) lights
les phares (m) headlights
le clignotant indicator
les essuie-glaces (m) windscreen wipers
la batterie battery
le pare-brise windscreen

faire le plein to fill up with petrol
vérifier l'huile check the oil
l'essence (f) petrol
le sans plomb unleaded petrol
le gazole (m) diesel

5 Directions

la première/deuxième/prochaine rue the first/second/next road
à gauche on/to the left
à droite on/to the right
tout droit straight ahead

à côté de next to
en face de opposite
devant in front of
derrière behind
entre between
sur on
sous under, beneath
pas loin de not far from
à 2 km de 2 km from
près de near

au centre/milieu de in the middle of
au nord de (to the) north of
au sud de (to the) south of
à l'est de (to the) east of
à l'ouest de (to the) west of
au sud-ouest de (to the) southwest of

6 Weather

le soleil sun
la pluie rain
le vent wind
le nuage cloud
l'orage (m) storm
l'éclair (m) lightning
le tonnerre thunder
la neige snow
le brouillard fog
l'averse (f) shower
le gel frost
la météo weather forecast

il fait beau it's beautiful
il fait mauvais it's bad weather
il fait froid it's cold
il fait frais it's cool
il fait chaud it's warm
il y a du soleil it's sunny
il y a du vent it's windy
il y a des nuages it's cloudy
il y a du verglas it's icy
il y a du brouillard it's foggy
il y a un orage it's stormy

pleuvoir to rain
neiger to snow
geler to freeze
briller to shine

7 In the department store

au rez de chaussée on the ground floor
au sous-sol in the basement
au premier étage on the first floor
le rayon des vêtements clothing department
le rayon des meubles furniture department
le rayon des articles de sport sportswear
le rayon des fournitures de bureau stationery
le jardinage et le bricolage garden and DIY
le rayon des arts ménagers household
le rayon des disques CDs and music
le jouet toy
l'eau de toilette (f)/le parfum perfume

les vêtements, les habits (m.pl) clothing
la jupe skirt
le chemisier blouse
le collant tights
la veste jacket
les chaussures (f.pl) shoes
les baskets (f.pl) trainers
le jogging tracksuit
le pyjama pyjamas
les gants (m) gloves
les chaussettes (f.pl) socks

le jean jeans
le short shorts
le sweat sweatshirt
la ceinture belt
le chapeau hat
la robe dress
la chemise shirt
le pantalon trousers
la cravate tie
le manteau coat
le pull pullover, jumper
le T-shirt t-shirt
l'imper(méable) (m) raincoat

les bijoux (m.pl) jewellery
l'argent (m) money
le portefeuille wallet
le porte-monnaie purse
la couleur colour
la taille size

8 Presents

le souvenir souvenir
le cadeau present
un livre sur …/de … a book about …/by …
une photo de … a photograph of …
un poster de … a poster of …
une cassette de … a cassette by/of …
des chocolats de … chocolates from …
une bouteille de vin de … a bottle of wine from …
une carte postale de … a postcard from …

cher expensive
pas cher, bon marché cheap
fermé closed
ouvert open
essayer to try on

9 What's it made of?

en laine of wool
en coton of cotton
en cuir of leather
en soie of silk
en plastique of plastic/synthetic
en verre of glass
en bois of wood
en métal of metal
en acier of steel
en fer of iron
en aluminium of aluminium
en or of gold
en argent of silver
en papier of paper

Area of Experience D

1 Professions

le/la professeur teacher
l'agent de police (m) police officer
l'avocat lawyer
le médecin doctor
le dentiste dentist

Vocabulary by topic

le vétérinaire vet
le journaliste journalist
l'architecte architect
l'électricien/l'électricienne electrician
le chanteur/la chanteuse singer
le musicien/la musicienne musician

le cuisinier/la cuisinière cook
le chauffeur/la chauffeuse de taxi
   taxi-driver
le conducteur/la conductrice driver
le dessinateur/la dessinatrice designer
le facteur/la factrice postman
le représentant(e) sales rep
l'ouvrier/l'ouvrière factory worker
le maçon builder
le plombier plumber
le mécanicien/la mécanicienne mechanic

le photographe photographer
le/la secrétaire secretary
l'infirmier/l'infirmière nurse
le coiffeur/la coiffeuse hairdresser
le vendeur/la vendeuse shop assistant
l'homme/la femme d'affaires
   businessman/businesswoman
l'employé(e) de bureau office worker
l'employé(e) de banque bank clerk
le/la fonctionnaire civil servant
la femme au foyer housewife

2 Where do you work?

dans une banque in a bank
dans un bureau in an office
dans une usine in a factory
dans un supermarché in a supermarket
dans une école in a school
dans un hôpital in a hospital
à la poste for the post-office
à la SNCF for the railway
à l'armée in the army

Area of Experience E

1 Countries

le Royaume-Uni United Kingdom
l'Afrique (f) (africain) Africa
l'Inde (f) (indien) India

le Japon (japonnais) Japan
la Chine (chinois) China
le Pakistan (pakistanais) Pakistan
les Etats-Unis (m.pl) (américain)
   America
l'Australie (f) (australien) Australia
la Belgique (belge) Belgium
le Danemark (danois) Denmark
l'Allemagne (f) (allemand) Germany
la France (français) France
la Grèce (grec, grecque) Greece

la Grande Bretagne (britannique)
   Great Britain
la Hollande (hollandais) Holland
les Pays-Bas (m.pl) (néerlandais)
   Netherlands
l'Irlande (f) (irlandais) Ireland
l'Irlande du Nord (irlandais) Northern
   Ireland
l'Italie (f) (italien) Italy
le Canada (canadien) Canada
la Norvège (norvégien) Norway
l'Autriche (f) (autrichien) Austria
la Pologne (polonnais) Poland
la Roumanie (roumanien) Rumania
la Russie (russe) Russia
l'Ecosse (f) (écossais) Scotland
la Suède (suédois) Sweden
la Suisse (suisse) Switzerland
l'Espagne (f) (espagnol) Spain
la République tchèque (tchèque)
   Czech Republic
la Turquie (turc, turque) Turkey
le Pays de Galles (gallois) Wales

2 Cities and geographical place names

Londres London
Douvres Dover
Edimbourg Edinburgh
Athènes Athens
Vienne Vienna
Venise Venice
Moscou Moscow

la Bretagne Brittany
la Normandie Normandy
la Dordogne Dordogne
la Bourgogne Burgundy

les Alpes the Alps
les Vosges the Vosges
les Pyrénées the Pyrenees

la Manche English Channel
la Mer du Nord North Sea
la Loire Loire
la Seine Seine
le Rhin Rhine
la Tamise Thames

3 Accommodation

l'hôtel (m) hotel
la pension bed and breakfast
la chambre room
la chambre à deux lits double-room
la chambre à un lit single-room
en pension complète with full-board
en demi-pension with half-board
avec douche with a shower
avec salle de bains with a bath
avec balcon with a balcony
l'auberge de jeunesse (f) youth hostel

le camping campsite
la pension guest-house
la caravane caravan
le camping-car camper van, mobile home
la tente tent

4 What to take on holiday

la valise suitcase
le portefeuille wallet
le sac à main handbag
la serviette briefcase, attaché case
le sac à dos rucksack
le sac de voyage hold-all
le passeport passport
la carte d'identité personal ID
le permis de conduire driving licence
le billet, le ticket ticket
la clef, la clé key
la carte map
l'appareil photo (m) camera
la pellicule film
le portable mobile telephone, lap-top
   computer
le baladeur Walkman
la cassette cassette

English–French wordlist

above all surtout
advert la publicité
Africa l'Afrique (f)
this **afternoon** cet après-midi
airport l'aéroport (m)
alone, lonely seul
the **Alps** les Alpes
made of **aluminium** en aluminium
always toujours
ambitious ambitieux (se)
America les Etats-Unis (m.pl)
angry fâché/en colère
ape, monkey le singe
apple la pomme
apple-juice le jus de pomme
apricot l'abricot (m)
April avril
architect l'architecte
arm le bras
armchair le fauteuil
army l'armée
arrogant arrogant
art le dessin
art, painting l'art (m)
astronomy l'astronomie (f)
Athens Athènes
athletics l'athlétisme (m)
attic le grenier
August août
aunt la tante
Australia l'Australie (f)
Austria l'Autriche (f)
in **autumn** en automne
awful affreux, nul

baby le bébé
back le dos
bad mauvais
it's **bad weather** il fait mauvais
play **badminton** jouer au badminton
bag le sac
baker's la boulangerie
balcony le balcon
with a **balcony** avec balcon
bald chauve
ballpoint pen le stylo
banana la banane
bank la banque
bank clerk l'employé(e) de banque
in the **basement** au sous-sol
play **basketball** jouer au basket
bath la baignoire
with a **bath** avec salle de bains
bathroom la salle de bains
battery la batterie
bean le haricot
bear l'ours (m)
with a **beard** avec une barbe
it's **beautiful** il fait beau

beautiful, handsome beau/bel/belle
beaver le castor
bed le lit
bed and breakfast la pension complète
bedcover la couverture
bedroom la chambre
beef le boeuf
beer la bière
behind derrière
Belgium la Belgique
belt la ceinture
between entre
big, tall grand
biology la biologie
biro le bic
biscuit le petit gâteau
black noir
blackboard le tableau noir
blond blond
blouse le chemisier
blue bleu
board-game le jeu de société
book about …/by … un livre sur …/de …
boring casse-pieds, ennuyeux (-se)
bottle (of …) une bouteille (de …)
play **boules** jouer aux boules/à la pétanque
box (of …) une boîte (de …)
brave, courageous courageux (-se)
bread le pain
break (one's leg) se casser (la jambe)
breakfast le petit déjeuner
bridge le pont
briefcase, attaché case la serviette
brilliant formidable
Brittany la Bretagne
brother le frère
brother-in-law le beau-frère
brown brun/marron
Brussels sprouts le chou de Bruxelles
budgerigar la perruche
builder le maçon
built construit
bungalow le pavillon de plein-pied
Burgundy la Bourgogne
burn (one's finger) se brûler (le doigt)
bus l'autobus (m)
bus station la gare routière
bus-stop l'arrêt d'autobus (m)
businessman l'homme d'affaires
businesswoman la femme d'affaires
butcher's la boucherie-charcuterie
butter le beurre
butterfly le papillon

cabbage le chou
cake le gâteau
cake shop la pâtisserie
camera l'appareil photo (m)

camper van, mobile home le camping-car
campsite le camping
Canada le Canada
canary le canari
canteen/cafeteria la cantine
car la voiture
car park le parking
caravan la caravane
play **cards** jouer aux cartes
carpet le tapis
carrot la carotte
cartoon le dessin animé
cartoon strip la bande dessinée
cassette la cassette
cassette recorder le magnétophone à cassettes
castle le château
cat le chat
cathedral la cathédrale
cauliflower le chou-fleur
central heating le chauffage central
chair la chaise
channel la chaîne
chat show le talk-show
cheap pas cher, bon marché
check the oil vérifier l'huile
cheese le fromage
chemist's la pharmacie
chemistry la chimie
cherry la cerise
play **chess** jouer aux échecs
chest-of-drawers la commode
chewing-gum le chewing-gum
chicken (roast) le poulet (rôti)
child l'enfant (m)
chimpanzee le chimpanzé
China la Chine
chips les frites (f)
chocolate le chocolat
chocolates les pralines (f)
Christmas Noël
church l'église (f)
cinema le cinéma
circus le cirque
civil servant le/la fonctionnaire
class la classe
classroom la salle de classe
clean (the windows) nettoyer (les fenêtres)
go **climbing** faire de l'escalade
closed (down) fermé
clothing les vêtements, les habits (m.pl)
cloud le nuage
it's **cloudy** il y a des nuages
coach l'autocar (m)
coat le manteau
coffee le café
cola le coca

75

English–French wordlist

be **cold** avoir froid
have a **cold** être enrhumé (e)
it's **cold** il fait froid
cold, unfriendly froid
collect collectionner
colour la couleur
computer l'ordinateur (m)
play on the **computer** jouer à l'ordinateur
computer/video game le jeu électronique/le jeu vidéo
go to a **concert** aller au concert
contented content
cook le cuisinier/la cuisinière
cooker la cuisinière
it's **cool** il fait frais
corner le coin
made of **cotton** en coton
in the **country** à la campagne
cousin le cousin
cream (sour) la crème (fraîche)
crisps les chips (f)
crossroads le carrefour
cucumber le concombre
cup (of …) une tasse (de …)
curtains les rideaux (m)
cut (one's hand) se couper (la main)
cute, sweet mignon (-ne)
go **cycling** faire du vélo
go on a **cycling holiday** faire du cyclotourisme
Czech Republic la République tchèque

D.I.Y. le bricolage
dance danser
dark green vert foncé
date la datte
daughter la fille
the **day after tomorrow** après-demain
the **day before yesterday** avant-hier
December décembre
Denmark le Danemark
dentist le dentiste
department store le grand magasin
designer le dessinateur/la dessinatrice
dessert le dessert
detached house la maison individuelle
have **diarrhoea** avoir la diarrhée
dictionary le dictionnaire
diesel le gazole (m)
difficult difficile
dining room la salle à manger
dinner le dîner
discotheque la discothèque
dishonest malhonnête
dishwasher le lave-vaisselle
divorced divorcé
doctor le médecin
documentary le documentaire
dog le chien
door la porte
Dordogne la Dordogne
double-room la chambre à deux lits
Dover Douvres
drama le théâtre/l'art dramatique (m)
draw dessiner
drawing le dessin
dress la robe
drink la boisson

driver le conducteur/la conductrice
driving licence le permis de conduire
dry the dishes essuyer la vaisselle

eagle l'aigle (m)
ears les oreilles (f)
east of à l'est de
Easter Pâques
easy facile
Edinburgh Edimbourg
egg l'oeuf (m)
Eid Eid-ul-Fitr
electrician l'électricien/l'électricienne
elephant l'éléphant (m)
energetic énergique
engine le moteur
English l'anglais (m)
English Channel la Manche
Epiphany la Fête des Rois
this **evening** ce soir
in the **evening(s)** le soir
every day tous les jours
every month tous les mois
every Saturday tous les samedis
every week toutes les semaines
excellent excellent
exercise book le cahier
exhaust le pot d'échappement
exhibition une exposition
expensive cher
eye(s) l'oeil (les yeux) (m)

factory l'usine (f)
factory worker l'ouvrier/l'ouvrière
fairly, quite assez
family la famille
fantastic fantastique
fat gros
father le père
father-in-law le beau-père
favourite préféré
February février
felt-tip pen le feutre
female cousin la cousine
ferry le ferry
fig la figue
fill up (with petrol) faire le plein
film la pellicule
film le film
finger le doigt
firemen les sapeurs-pompiers
firework display un feu d'artifice
on the **first floor** au premier étage
the **first/second/next road** la première/deuxième/prochaine rue
fish le poisson
go **fishing** aller à la pêche
flan, tart la tarte
flat l'appartement
flea-market le marché aux puces
have **flu** avoir la grippe
it's **foggy** il y a du brouillard
foot le pied
on **foot** à pied
play **football** faire du football
go to the **football match** aller au match de football
France la France

frank franc (-he)
freeze geler
freezer le congélateur
French le français
French bean, runner bean le haricot vert
French railways la SNCF
French stick la baguette
on **Friday** vendredi
fridge/refrigerator le frigo
friendly amical
be **frightened** avoir peur
frog la grenouille
in **front of** devant
frost le gel
fruit les fruits (m)
fruit juice le jus de fruits
with **full-board** en pension complète
fun(ny) amusant, drôle
fun-fair une fête foraine

game show le jeu télévisé
garage le garage
garden le jardin
garlic l'ail
generous généreux (se)
geography la géo(graphie)
German l'allemand (m)
Germany l'Allemagne (f)
ginger (colour) roux/rousse
made of **glass** en verre
glass (of …) un verre (de …)
with **glasses** avec des lunettes
gloves les gants (m)
made of **gold** en or
goldfish le poisson rouge
play **golf** faire du golf
golf course le terrain de golf
good bien
grammar school le lycée
grandchildren les petits-enfants
granddaughter la petite-fille
grandfather le grand-père
grandmother la grand-mère
grandparents les grands-parents
grandson le petit-fils
grape le raisin
grapefuit le pamplemousse
Great Britain la Grande Bretagne
Greece la Grèce
green vert
green salad la salade verte
greengrocer's le marchand de primeurs
grey gris
grocer's store l'épicerie (f)/l'alimentation (f)
on the **ground floor** au rez-de-chaussée
guest-house la pension
guinea-pig/cavey le cochon d'Inde/le cobaye
gymnasium le gymnase
gymnastics la gymnastique

hairdresser le coiffeur/la coiffeuse
hairdrier le sèche-cheveux
half a kilo (of …) un demi-kilo (de …)
half a litre (of …) un demi-litre (de …)
half-board en demi-pension
ham le jambon

English–French wordlist

hamburger le hamburger
hamster le hamster
hand la main
handbag le sac à main
play **handball** faire du handball
happy heureux (-se)
hardworking travailleur (-se)
hat le chapeau
head la tête
have a **headache** avoir mal à la tête
headlights les phares (m)
health la santé
healthy en bonne santé
hedgehog le hérisson
go **hiking** faire de la randonnée
hippopotamus l'hippopotame (m)
history l'histoire (f)
play **hockey** jouer au hockey
hold-all le sac de voyage
in the **holidays** pendant les vacances
Holland la Hollande
homework les devoirs (m)
honest honnête
horse le cheval (aux)
hospital l'hôpital (m)
be **hot** avoir chaud
hotel l'hôtel (m)
house la maison
housewife la femme au foyer
be **hungry** avoir faim
hurt (one's head) se faire mal (à la tête)
hurt oneself se blesser
husband le mari

ice rink la patinoire
ice-cream la glace
go **ice-skating** faire du patin à glace
it's **icy** il y a du verglas
ill malade
impatient impatient
important important
independent indépendant
India l'Inde (f)
indicator le clignotant
information office l'office du tourisme (m)/le syndicat d'initiative
information technology l'informatique (f)
Inter-City train le TGV
interesting intéressant
Ireland l'Irlande (f)
made of **iron** en fer
iron clothes repasser les vêtements
irresponsible irresponsable
Italian l'italien (m)
Italy l'Italie (f)

jacket la veste
jam la confiture
January janvier
Japan le Japon
jar (of …) un pot (de …)
jealous jaloux (se)
jeans le jean
jewellery les bijoux (m.pl)
go **jogging** faire du jogging
journalist le journaliste

July juillet
June juin

key la clef, la clé
kilo (of …) un kilo (de …)
kind gentil
kitchen la cuisine
knee le genou

lamb l'agneau (m)
lamp, light la lampe
lap-top computer le portable
Latin le latin
lawyer l'avocat
lay the table mettre la table
lazy paresseux (-se)
made of **leather** en cuir
leek le poireau
on/to the **left** à gauche
leg la jambe
lemon le citron
lemonade la limonade
lesson le cours
level crossing le passage à niveau
library la bibliothèque
lift l'ascenseur (m)
light blue bleu clair
light mid-afternoon snack le goûter
lightning l'éclair (m)
lights les feux (m)
lion le lion
listen to CDs/music écouter des CD/de la musique
live en direct
living room le séjour
the **Loire** la Loire
London Londres
lorry le camion
be **lucky** avoir de la chance
lunch le déjeuner

mad, crazy fou (folle)
main dish le plat principal
make the beds faire les lits
map la carte
March mars
market le marché
married marié
maths les maths (f)
May mai
meat (dish) la viande
mechanic le mécanicien/la mécanicienne
medium-sized de taille moyenne
melon le melon
menu le menu
made of **metal** en métal
micro-wave (oven) le four à micro-ondes
in the **middle of** au centre/milieu de
milk le lait
mineral water l'eau minérale (f)
mobile telephone le portable
Monday lundi
money l'argent (m)
monument le monument
moped le cyclomoteur
this **morning** ce matin
in the **morning(s)** le matin

Moscow Moscou
mother la mère
mother-in-law la belle-mère
motorway l'autoroute (f)
in the **mountains** à la montagne
with a **moustache** avec une moustache
mouth la bouche
multi-coloured multicolore
museum le musée
mushroom le champignon
music la musique
music programme l'émission de musique
play a **musical instrument** jouer d'un instrument de musique
musician le musicien/la musicienne
mustard la moutarde

naughty méchant
near près de
nephew le neveu
Netherlands les Pays-Bas (m.pl)
never ne … jamais
New Year's Day le Jour de l'An
news les nouvelles
next to à côté de
nice sympa
niece la nièce
noisy bruyant
normally normalement
Normandy la Normandie
north of au nord de
North Sea la Mer du Nord
in the **north/south/east/west of …** au nord/sud/à l'est/à l'ouest de …
Northern Ireland l'Irlande du Nord
Norway la Norvège
nose le nez
not bad pas mal
not far from pas loin de
November novembre
nurse l'infirmier/l'infirmière

occasionally de temps en temps
October octobre
office le bureau
office worker l'employé(e) de bureau
often souvent
oil l'huile (f)
on sur
onion l'oignon (m)
only son/daughter le fils/la fille unique
open ouvert
opposite en face de
optimistic optimiste
orange l'orange (f)
orange juice le jus d'orange
play in an **orchestra** jouer dans un orchestre
ostrich l'autruche (f)
oven le four
owl le hibou

packet (of …) un paquet (de …)
paint peindre
pair of trousers un pantalon
Pakistan le Pakistan

English–French wordlist

made of **paper** en papier
go **paragliding** faire du parapente
parents les parents
park le jardin public
parrot le perroquet
partner le/la partenaire
go to a **party** aller à une boum/une fête/une soirée
Passover la Pâque Juive
passport le passeport
patient patient
peach la pêche
pear la poire
peas les petits pois (m)
pedestrian precinct la zone piétonne
pencil le crayon
pepper le poivre
perfume l'eau de toilette (f)/le parfum
personal ID la carte d'identité
pessimistic pessimiste
pet l'animal (m)
petrol l'essence (f)
petrol station la station-service
photograph la photo
photographer le photographe
physics la physique
piece, bit (of …) un morceau (de …)
pineapple l'ananas (m)
play **ping-pong/table-tennis** jouer au ping-pong/au tennis de table
pink rose
pizza la pizza
plane l'avion (m)
made of **plastic/synthetic** en plastique
plum la prune
plumber le plombier
Poland la Pologne
police officer l'agent de police (m)
police station le commissariat/la gendarmerie
pony le poney
poor pauvre
pork le porc
post office la poste
postcard une carte postale
poster le poster
postman le facteur/la factrice
potato la pomme de terre
pottery la poterie
present le cadeau
pretty joli
primary school l'école maternelle (f)
procession le défilé
proud fier
pullover le pull
purple pourpre
purse le porte-monnaie
pyjamas le pyjama
the **Pyrenees** les Pyrénées

quiet tranquille, calme

rabbit le lapin
radio programme l'émission de radio
rain la pluie
rain pleuvoir
raincoat l'imper(méable) (m)

Ramadan le Ramadan
rarely, seldom rarement
raw vegetables les crudités (m)
really vraiment
red rouge
redeveloped développé
reliable fiable
religion la religion
renovated rénové
responsible responsable
restored restauré
the **Rhine** le Rhin
rhinoceros le rhinocéros
rice le riz
go **riding** faire de l'équitation
on/to the **right** à droite
ring-binder, file le classeur
river le fleuve
go **roller-skating/-blading** faire du patin à roulettes
romance l'histoire (f) d'amour
room la chambre
roundabout le rond-point
rubber la gomme
rucksack le sac à dos
play **rugby** jouer au rugby
ruler la règle
Rumania la Roumanie
Russia la Russie

sad triste
go **sailing** faire de la voile
sales rep le représentant(e)
salt le sel
satchel le cartable
Saturday samedi
on **Saturday evening** samedi matin
on **Saturdays** le samedi
school l'école (f) /le collège (m)
schoolyard la cour
science les sciences
Scotland l'Ecosse (f)
sea la mer
seagull la mouette
secondary school le C.E.S.
secretary le/la secrétaire
the **Seine** la Seine
selfish égoïste
sensitive sensible
separated séparé
September septembre
shark le requin
shelves l'étagère (f)
shine briller
shirt la chemise
shoes les chaussures (f.pl)
shop le magasin
shop assistant le vendeur/la vendeuse
shorts le short
shower la douche
with a **shower** avec douche
shower (rain) l'averse (f)
Shrovetide Mardi Gras
shy timide
made of **silk** en soie
made of **silver** en argent
since 1998 depuis 1998

since Christmas depuis Noël
sing in a choir chanter dans un choeur
singer le chanteur/la chanteuse
single célibataire
single room la chambre pour une personne
sister la soeur
sister-in-law la belle-soeur
size la taille
(ski) resort la station (de ski)
go **skiing** faire du ski
skirt la jupe
a **slice (of …)** une tranche (de …)
sliced sausage le saucisson
slim/thin mince
small, short petit
snake le serpent
snow la neige
snow neiger
go **snowboarding** faire du snowboard
soap le savon
soap-opera le feuilleton
socks les chaussettes (f.pl)
sofa le sofa
sofa-bed le canapé-lit
sometimes quelquefois
son le fils
have a **sore throat** avoir mal à la gorge
soup la soupe/le potage
south of au sud de
southwest of au sud-ouest de
souvenir le souvenir
spaghetti les spaghettis (m)
Spain l'Espagne (f)
Spanish l'espagnol (m)
spider l'araignée (f)
sport le sport
sports centre le centre sportif
sports ground, playing field le terrain de sport
sports programme l'émission (f) de sports
sporty sportif (ve)
sprain (one's ankle) se faire une entorse (à la cheville)
in **spring** au printemps
square la place
play **squash** jouer au squash
stadium le stade
staff-room la salle des professeurs
stairs l'escalier
starter l'entrée (f)
station (main) la gare (centrale)
made of **steel** en acier
step-brother le beau-frère
step-father le beau-père
step-mother la belle-mère
step-sister la belle-soeur
stomach le ventre
have a **stomach-ache** avoir mal au ventre
stork la cigogne
storm l'orage (m)
it's **stormy** il y a un orage
straight ahead tout droit
strawberry la fraise
street la rue
student l'élève (m/f)

English–French wordlist

stupid stupide
subject la matière
sugar le sucre
suitcase la valise
in **summer** en été
sun le soleil
Sunday dimanche
it's **sunny** il y a du soleil
supermarket le supermarché
sweater un pull(over)
sweatshirt le sweat
Sweden la Suède
sweep balayer
sweets les bonbons (m)
swim nager
go **swimming** faire de la natation
swimming-pool (heated) la piscine (chauffée)
Switzerland la Suisse

t-shirt le T-shirt
T.V. comedy une émission comique
table la table
talkative bavard
taxi le taxi
taxi-driver le chauffeur/la chauffeuse de taxi
tea le thé
teacher le/la professeur
technical college le lycée technique
technology la technologie
telephone le téléphone
telephone box la cabine téléphonique
television la télé(vision)
have a **temperature, fever** avoir de la fièvre
play **tennis** faire du tennis
tennis court le court de tennis
tent la tente
text book le livre
the **Thames** la Tamise
theatre le théâtre
be **thirsty** avoir soif
throat, neck la gorge
thunder le tonnerre
Thursday jeudi
ticket le billet, le ticket
tidy (the bedroom) ranger (la chambre)
tie la cravate
tiger le tigre
tights le collant
three **times a week** trois fois par semaine
tin, can (of …) une boîte (de …)
tired fatigué
toad le crapaud
today aujourd'hui
toilet les toilettes
tolerant tolérant
tomato la tomate
tomato salad la salade de tomates
tomorrow demain
tomorrow evening demain soir
tomorrow morning demain matin
tooth la dent
have **toothache** avoir mal aux dents
tortoise, turtle la tortue
towel la serviette

in the **town centre** au centre-ville
town hall l'hôtel de ville (m)
toy le jouet
tracksuit le jogging
traffic lights les feux (m.pl)
train le train
trainers les baskets (f.pl)
tram le tramway
trip une excursion
trousers le pantalon
try on essayer
tube (of …) un tube (de …)
tube/metro le métro
Tuesday mardi
Turkey la Turquie
turkey la dinde
turquoise turquoise
TV programme l'émission (f)
TV series la série
twice (a year) deux fois (par an)
twin le jumeau, la jumelle
tyre le pneu

ugly laid
uncle l'oncle (m)
under, beneath sous
underground station la station de métro
understanding compréhensif (ve)
United Kingdom le Royaume-Uni
university l'université (f)
unleaded petrol le sans plomb
be **unlucky** ne pas avoir de chance
useful utile
useless inutile
usually d'habitude

vacuum passer l'aspirateur
variety show le spectacle de variétés
vegetables les légumes (m)
Venice Venise
very très
vet le vétérinaire
Vienna Vienne
village le village
vinegar le vinaigre
play **volleyball** jouer au volley
the **Vosges** les Vosges

Wales le Pays de Galles
Walkman le baladeur
wallet le portefeuille
wallpaper le papier peint
walrus le morse
wardrobe l'armoire (f)
it's **warm** il fait chaud
wash the car laver la voiture
wash the dishes faire la vaisselle
washing machine la machine à laver
watch T.V. regarder la télé
wealthy riche
weather forecast la météo
Wednesday mercredi
on **Wednesday evening** mercredi soir
weekend le week-end
west of à l'ouest de
wet mou (molle)
whale la baleine

white blanc (he)
Whitsun la Pentecôte
widowed veuf (ve)
wife la femme
wind le vent
go **wind-surfing** faire de la planche à voile
window la fenêtre
windscreen le pare-brise
windscreen wipers les essuie-glaces (m)
it's **windy** il y a du vent
wine (white/red) le vin (blanc/rouge)
wine list la carte des vins
in **winter** en hiver
made of **wood** en bois
woodpecker le pic
made of **wool** en laine
work (in the garden) travailler (dans le jardin)

in **year 10/11** en troisième/seconde
yellow jaune
yesterday hier
yesterday evening hier soir
yesterday morning hier matin
yoghurt le yaourt
youth club la MJC
youth hostel l'auberge de jeunesse (f)